JOHN AC ALUN
~DATHLU'R~
25

GYDA TUDUR HUWS JONES

bwthyn
GWASG Y BWTHYN

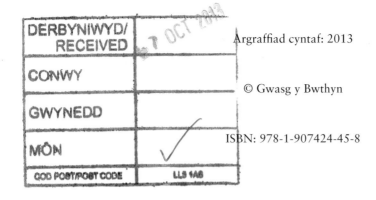
Argraffiad cyntaf: 2013

© Gwasg y Bwthyn

ISBN: 978-1-907424-45-8

Ffotograffau trwy garedigrwydd John ac Alun, y ffans a'r ffotograffwyr canlynol:
Geraint Thomas, Panorama - 6/7, 9, 10, 12, 21, 30, 35, 46, 73, 77, 92, 97, 98, 102/103, 116/117, 136, 140/141, 143, 157, 164/165, clawr cefn
Dewi Glyn Jones – Clawr blaen, 84/85, 107, 148/149, 150, 151, 166, 171, 175

Lluniau Cwt Llanberis (tud 152/153) - Tudur Huws Jones
Lluniau cloriau CDs - Sain
Lluniau Dilwyn Morgan a Dilwyn Pierce (tud 26) – Cwmni Da
Llun Nia Lloyd Jones (tud 96) drwy ganiatâd caredig BBC Cymru Wales

Llun clawr: Dewi Glyn Jones - www.dewijones.co.uk
Dylunio: dyluniograff**EG**

Argraffwyd a rhwymwyd yng Nghymru gan Wasg Gomer, Llandysul, Ceredigion.

Cyhoeddwyd gan
Gwasg y Bwthyn
Lôn Ddewi, Caernarfon, Gwynedd, LL55 1ER
01286 672018
gwasgybwthyn@btconnect.com

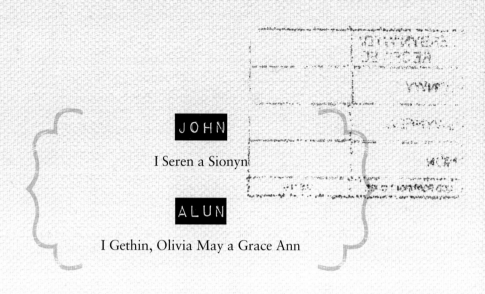

JOHN

I Seren a Sionyn

ALUN

I Gethin, Olivia May a Grace Ann

DIOLCH

Diolch i bawb sydd wedi cyfrannu at y llyfr hwn,
drwy gyfrwng gair neu lun.

Diolch yn arbennig, wrth gwrs, i John ac Alun,
am rannu eu hatgofion ac am roi benthyg eu
lluniau personol ar gyfer y gyfrol.

Diolch i Tudur Huws Jones am ei waith didwyll
a chywir.

Diolch i Olwen Meredydd, Cwmni Da,
a Lois Eifion, Sain, am eu cymorth parod yn casglu
ynghyd rai o'r lluniau.

JOHN
AC
ALUN

DATHLU'R 25

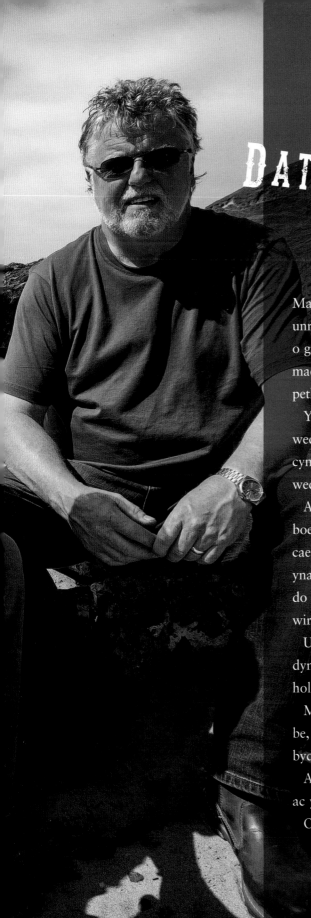

DATHLU A CHOFIO

Mae 25 mlynedd yn amser hir mewn unrhyw berthynas. Chwarter canrif, oes o garchar, wats aur, priodas arian – mae'n dibynnu sut dach chi'n sbio ar y pethau 'ma.

Ydi, mae'n anodd credu ein bod ni wedi bod yn canu efo'n gilydd ers cymaint o amser. Mae'r blynyddoedd wedi fflio heibio.

A pheth braf ydi medru deud, heb boen yn y byd, nad ydan ni'n dau wedi cael gair croes yn ystod y 25 mlynedd yna. Dadlau, do weithiau. Anghydweld, do weithiau ella. Ond gair croes? Naddo wir.

Un o'r rhesymau ein bod ni'n cyd-dynnu mor dda ydi ein bod ni'n ddau hollol wahanol i'n gilydd.

Mae o (Alun) yn dwt fatha dwn i'm be, ac yn cŵl braf. Does 'na byth ddim byd yn ei gynhyrfu fo.

Ac mae o (John) yn un blêr, bois bach, ac yn fwy tanllyd o lawer.

Ond dyna ni, mae'n debyg fod pob

double act – wel, y rhai sydd wedi para o leiaf – rywbeth yn debyg. Mi ydan ni'n ffynnu am ein bod ni'n wahanol, os leciwch chi.

Rhywbeth arall sy'n gyffredin am ddeuawdau ydi'r ffaith nad ydyn nhw'n byw ym mhocedi ei gilydd. Ar wahân i'r adegau pan ydan ni'n canu neu'n teithio i gig, anaml fyddan ni'n gweld ein gilydd. Wrth gwrs, mi ydan ni'n siarad fatha unrhyw ddau ffrind os ydan ni'n digwydd taro ar ein gilydd yn y dafarn neu rywle felly, ond fyddan ni bron byth yn trefnu i gymdeithasu neu ddod i dai ein gilydd.

Mi oedd 'na adegau yn ystod y 25 mlynedd dwytha 'ma pan oeddan ni'n gweld mwy ar ein gilydd nag ar ein teuluoedd bron iawn, ond mae'r dyddiau hynny heibio rŵan, ac mae pethau wedi callio ro'm bach.

Mae'n rhaid i chi gofio ein bod ni'n gweld ein gilydd bob nos Sul hefyd, yn teithio i stiwdios y BBC ym Mangor ac yn darlledu ein rhaglen wythnosol ar Radio Cymru. Felly, gormod o ddim nid yw dda ydi hi, a dros y blynyddoedd mi ydan ni wedi llwyddo i daro balans sy'n amlwg yn gweithio i ni.

Mae'n braf cael y cyfle yma i edrych yn ôl ar y cyfnod, a chofio rhai o'r uchafbwyntiau – y teithiau bythgofiadwy (Nashville ac Amsterdam yn eu plith); y cymeriadau a'r troeon trwstan di-rif sy'n dal i wneud i ni chwerthin hyd heddiw.

Pwy fydda'n meddwl, ar ddechrau'r daith, y bydden ni wedi cael gwneud pum cyfres deledu, derbyn record aur, heb sôn am gael canu ar lwyfan yr enwog Ryman Auditorium ym mhrifddinas canu gwlad y byd?

Ond un o'r pethau pwysicaf ohonyn nhw i gyd ydi'r ffrindiau da yr ydan ni wedi eu gwneud ar hyd a lled y wlad, diolch i'r busnas canu 'ma.

Mi ydan ni'n dal i gael coblyn o hwyl yng nghwmni'n gilydd, ac yn dal i fwynhau canu a theithio a chyfarfod hen ffrindiau a gwneud rhai newydd.

Dan ni hefyd wedi mwynhau sgwennu'r llyfr yma sy'n bwrw golwg 'nôl dros y chwarter canrif dwytha, yr hwyl a'r troeon trwstan. Gobeithio y byddwch chitha yn mwynhau ei ddarllen.

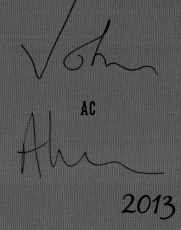

AC

2013

HOLI JOHN

TALDRA: 5' 9".

LLIW LLYGAID: Glas.

LLIW GWALLT (YN WREIDDIOL!): Brown.

HOFF FWYD: Cyw Iâr Balti Passanda a Chyw Iâr Dhansak.

HOFF DDIOD: Lager i gyd-fynd â Jack Daniel's mawr.

HOFF GÂN: Ar hyn o bryd, 'Sing Me Back Home' gan Merle Haggard.

HOFF GANWR/CERDDOR: Y Brenin – Elvis.

HOFF LE (GOGLEDD): Tudweiliog, lle arall?

HOFF LE (DE): Tyddewi, Sir Benfro.

HOFF AIR/DYWEDIAD: Hoff air: Gogoniant. Dywediad: Neith fory'r tro!

HOFF DYMOR A PHAM: Y gwanwyn oherwydd bod y tywydd yn dechrau cynhesu ar ôl misoedd o dywyllwch ac oerni!

HOFF AMSER O'R DYDD, A PHAM: Ben bora, dim teimlad gwell na deffro a gwisgo a mynd allan i'r awyr iach a diolch am gael gweld diwrnod arall!

HOFF FFILM: *Walk the Line* – stori Johnny Cash.

ATGOF CYNTAF: Mynd hefo taid i Gaernarfon i brynu gitâr newydd!

TASA GEN TI'R GALLU I NEWID UNRHYW BETH YN Y BYD, BE FASA FO?: Rhoi stop ar ryfela di-ben-draw, rhyfela mewn gwledydd nad oes wnelom ni ddim byd â nhw.

TUDWEILIOG

HOLI ALUN

ENW: Robert Alun Roberts.

TALDRA: 5' 6".

LLIW LLYGAID: Brown.

LLIW GWALLT (yn wreiddiol!): Brown tywyll – sy bellach yn dechrau britho – ond, diawl, mae o wedi para reit dda o ystyried pob dim!

HOFF FWYD: Cinio dydd Sul (unrhyw ddiwrnod o'r wythnos) – bîff, tatw rhost, moron, pys, grefi ayb.

HOFF DDIOD: Paned o de melys tra mae'r haul allan – rhyw jochiad bach o wisgi wedi machlud (falla dau neu dri os dwi di bod yn hogyn da).

HOFF GÂN: Yn newid yn rheolaidd fel mae rhywun yn ffeindio mwy a mwy o artistiaid newydd a darganfod hen gatalog gan artistiaid sefydlog. Ar hyn o bryd yn ymddiddori yng nghatalog Merle Haggard.

HOFF GANWR/CERDDOR: Eto mae hyn yn dueddol o newid tros amser ond mae'n debyg fod yna ddau sy'n parhau i fod yn eitha agos i frig y rhestr. Yn gyntaf, Keith Richards, oherwydd y cyfuniad o'i bersonoliaeth a'i dechneg ar y gitâr, sydd yn ei dro wedi cael dylanwad ac sy'n siapio cerddoriaeth gyfoes, ac yn parhau i wneud hynny.

Yr ail ydi Vince Gill oherwydd ei fod, yn fy meddwl i, yn un o'r rhai prin hynny sydd yn gerddor 'cyflawn' – cynhyrchydd, cyfansoddwr, canwr, gitarydd heb ei ail ac, er y llwyddiant a'r sylw, mae o'n parhau i fod yn berson â'i draed ar y ddaear – ac i'w weld yn parhau i fwynhau ei grefft a'i ddawn. Gwrandwch arno'n chwarae'r gitâr ar yr emyn 'How Great Thou Art' – does dim angen geiriau, mae'r ffordd mae o'n chwarae yn cyfleu'r union deimlad i wneud i chi gael lwmp yn eich gwddw – does dim angen dweud dim byd mwy.

HOFF LE (GOGLEDD): Cwestiwn gwirion! Pen Llŷn – does 'na nunlle tebyg yn y byd, ac wedi bod yn byw am gyfnodau yn Llundain, Ipswich a Martlesham a chael gwyliau mewn gwahanol ardaloedd o Brydain a thu hwnt, fedra i ddim meddwl am le gwell i fod.

HOFF LE (DE): Tre Caerfyrddin. Dros y blynyddoedd dan ni wedi treulio sawl dydd Sadwrn (rhwng gigs) yn cerdded strydoedd Caerfyrddin, yn ymweld â'r hen farchnad, yn cael pryd yn y caffis, yn cael peint yn y tafarndai lleol, sgwrsus ar y stryd ac yn y blaen.

Mae'r dref wedi newid tipyn tros y blynyddoedd ond mae'n parhau i gadw rhyw apêl i mi – ac mi ydw i wedi mynd yno am ryw benwythnos sawl gwaith hefo Jill, y wraig, jyst i joio ac i ymlacio.

HOFF AIR/DYWEDIAD: Falla ddylwn i ddim deud ei fod o'n hoff ddywediad ond mae o'n sicr o fod yn un dwi'n dueddol o'i ddefnyddio'n amal, falla'n rhy amal – 'Dim Problam'. Ac o ddeud hynny mae yna adegau ble mae ei ddeud heddiw yn dod yn ôl i'm brathu yn y pen ôl fory! Ond 'swn i'n lecio meddwl mod i'n berson sy'n barod i helpu ac i roi ei chwe cheiniog i mewn.

HOFF DYMOR A PHAM: Y gwanwyn. Mae 'na rwbath am y gwanwyn sy'n gwneud i berson ailafael yn y 'petha' a chael sbŷrt o'r newydd, mwy o egni, mwy o fynadd, mwy o awydd a ballu. Ma pob peth o'ch cwmpas yn dechrau deffro o drwmgwsg a fedrwch chi ddim anwybyddu'r effaith ma hynny'n ei gael arnoch chithau hefyd.

HOFF AMSER O'R DYDD, A PHAM: Dwi'n dueddol o lecio ista'n ôl a meddwl yn hwyr yn y nos pan mae'r tŷ a phob dim o'i gwmpas wedi mynd i gysgu. Falla fod hynny rwbath i'w wneud hefo'r busnas canu 'ma tros yr holl flynyddoedd – dod adra'n hwyr ac angen chydig o amser i ddadweindio am ryw chydig cyn mynd i'r gwely. Does 'na mond chi – a neb i siarad hefo fo mond chi'ch hun – a dwi'n ffendio fod 'na rwbath eitha therapiwtig yn hynny. 'Be wnes i heddiw? Be wnes i anghofio'i wneud? Be sy 'na i'w wneud fory? Be sy'n rhaid i mi wneud fory a be geith aros? Wnes i'n ocê heddiw, 'ta ddim?'

Ac wrth gwrs ma 'na hefyd gyfla i chi feddwl am betha mwy dwys a phersonol a dwyn atgofion am betha na fysa chi falla ddim yn cael y cyfle i'w wneud fel arall.

HOFF FFILM: Eto, mae sawl un. Ond mae'n rhaid i mi gyfadda falla mod i'n dueddol o wylio *Papillon* hefo Dustin Hoffman a Steve McQueen yn amlach nag unrhyw ffilm arall. Actio da, stori dda, yn seiliedig ar stori wir o hanes Henri 'Papillon' Charrière a gafodd ei garcharu ar gam yn ystod y 30au yn Ffrainc a'i anfon i garchar am oes ar ynys fechan yn French Guiana.

ATGOF CYNTAF: Shit, lle ydw i a phwy 'di rhein! Na! I fod yn onest, dwi ddim yn gallu rhoi fy mys ar atgof cyntaf – mae o rywsut fel rhyw swp o atgofion plentyndod sydd ddim mewn unrhyw drefn neu olyniaeth.

TASA GEN TI'R GALLU I NEWID UNRHYW BETH YN Y BYD, BE FASA FO?:

Bod yn 20 oed eto a gwneud yn union 'run peth eto! – ond y tro yma, ei fwynhau o'n fwy fyth. Mi fysa newid unrhyw beth arall fwy na thebyg yn creu llanast!

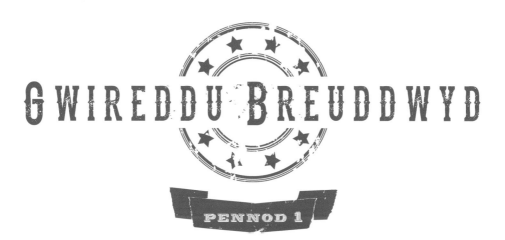

GWIREDDU BREUDDWYD

PENNOD 1

☆ JOHN ☆

Mae gan bawb ei freuddwyd yn does? Er, mae'n debyg mai ychydig iawn ohonom sy'n ddigon ffodus i weld ein breuddwydion yn dod yn wir.

Ond mi ddigwyddodd i Alun a fi yn achos ein taith i Nashville. Mae 'na flynyddoedd wedi mynd heibio ers hynny, ond wnawn ni byth anghofio'r profiad a'r wefr a gawson ni yno, ac ydan, mi ydan ni'n dal i binsio'n hunain (nid ein

gilydd!) o dro i dro jest i'n hatgoffa'n hunain ei fod o wedi digwydd go iawn. Diawch, roedd hi'n uchelgais gynnon ni i ganu yn Neuadd y Dref Pwllheli ers talwm!

A waeth i ni fod yn onest ddim – tasan ni'n canu am 25 mlynedd arall mae'n annhebygol iawn y bydden ni'n curo Nashville fel uchafbwynt ein gyrfa. Mae 'na ambell ddigwyddiad arall sy'n dod yn agos, fel y cewch glywed, ond does 'na 'run i'w guro fo.

Dyma atgofion y ddau ohonom am y daith:

☆ JOHN ☆

Roedd mynd i Nashville wedi bod yn freuddwyd gen i ers blynyddoedd, ac mi oeddwn i wedi gaddo i fi'n hun y baswn i'n mynd yno am wyliau ar ôl ymddeol, fi ac Angharad, y wraig.

Fel y digwyddodd petha doedd dim rhaid imi ddisgwyl mor hir â hynny, ond wnes i rioed feddwl y basan ni'n cael mynd yno i ganu fel John ac Alun. Ac nid yn unig i Nashville, prifddinas canu gwlad y byd, ond i galon ac enaid y diwydiant, sef y Ryman Auditorium.

Oedd, pan ddaeth y cyfle gan Sain yn 1999 i fynd drosodd efo Iona ac Andy, wel, mi oedd o'n wireddu breuddwyd cyn ei hamser mewn ffordd. Mi oedd hi'n daith i'r teulu hefyd, achos er bod Sioned, y ferch hynaf, wedi gadael cartre erbyn hynny, mi ddaeth Mari, y fenga, efo Angharad a fi.

Mi weithiodd cwmni Sain, a Hefin Elis oedd yn cyhyrchu cyfres deledu *John ac Alun*, yn galed ar y fenter, achos mi oedd hi *yn* dipyn o fenter mynd draw i fan'no i wneud rhaglen, a mynd â channoedd o Gymry efo ni!

Y teimlad oeddan ni'n ei gael ar y pryd oedd ein bod wedi dwyn y sioe oddi ar Iona ac Andy braidd, achos syniad Andy oedd o'n wreiddiol i fynd drosodd i wlad y canu gwlad. Ond mi oedd S4C isio rhaglen allan o'r daith; mi oedd gynnon ni gyfres deledu ar y pryd, a dyna pam y trodd hi allan fel John ac Alun yn Nashville, felly roedd o'n gwneud synnwyr am wn i. Mi oeddwn i'n teimlo dros Iona ac Andy mae'n rhaid i mi gyfaddef, ond mi gawson nhwthau ymddangos yn y Ryman hefyd, felly roedd pawb yn hapus, gobeithio.

Mae gynnon ni gerddorion gwych yng Nghymru 'ma, ond un o uchafbwyntiau'r daith i mi oedd cael chwarae efo band proffesiynol o gerddorion sesiwn Nashville – Music City. Mi oedd y boi oedd yn chwarae'r allweddellau i ni wedi bod yn aelod o fand John Denver, ac mi oedd o'n anhygoel! Doeddan ni rioed wedi cael y fraint o chwarae efo band mor dda, ac mi oedd o'n goblyn o brofiad sefyll ar lwyfan y Ryman efo'r rhain yn gefn i ni.

Mi oeddwn i wedi gweld y lle droeon mewn rhyw hen fideos a rhaglenni teledu, felly mi oeddwn i'n gyfarwydd â'r lle mewn ffordd – ac mi oedd o'n union fel roeddwn i wedi'i ddychmygu, ac mi gawson ni gyngerdd arbennig iawn yno. Mi oedd 'na 200 o Gymry wedi dod drosodd efo ni, a rhyw 400 neu 500 o bobl eraill – pobol leol ac ymwelwyr am wn i – felly mi oedd o'n gyngerdd go iawn, nid rhywbeth wedi'i drefnu ar gyfer y teledu.

☆ ALUN ☆

Dwi'n cytuno'n llwyr – yr uchafbwynt i ni fel John ac Alun, heb unrhyw amheuaeth, oedd canu yn y Ryman. Mae gen i ddau uchafbwynt arall o'r 25 mlynedd, ond y Ryman gyntaf.

15

Roeddech chi'n teimlo rhywbeth ar y llwyfan hwnnw. Hen gapel ydi'r Ryman, ac mi wnaeth un peth argraff fawr arna i yn y pnawn pan oeddan ni'n ymarfer, sef y golau'n llifo i mewn drwy'r ffenestri mawr yn y cefn. Roedd hyn cyn i'r gynulleidfa ddod i mewn, a cyn i ni gael goleuadau ar y llwyfan, felly golau naturiol oedd o, ac mi oedd o'n hyfryd ei weld. Nid ffenestri lliw fel rhai eglwys ydyn nhw, dim ond gwydrau plaen efo ambell i banel lliw, rhai yn las ac ambell un yn goch, ond ew, mi oeddan nhw'n drawiadol iawn y pnawn hwnnw.

Mi oedd 'na rwbath am y lle – rhyw deimlad sy'n anodd ei esbonio. Does 'na'm amheuaeth nad oeddach chi'n gallu teimlo presenoldeb yr enwau mawr oedd wedi canu ar y llwyfan hwnnw yn y gorffennol – Bill Monroe, Hank Williams, Elvis, Johnny Cash, a'r mawrion eraill i gyd.

Doedd y bobl oedd yn rhedeg y lle ddim callach pwy oedd John ac Alun a Iona ac Andy wrth reswm, ond ym mhob stafell newid roedd gynnoch chi boteli dŵr, bocsys oer (*cool boxes*) a'u llond nhw o rew a photeli a ballu, tecell, a the a choffi. Ar un lefel doedd dim ots oeddach chi'n Johnny Cash neu'n Johnny Rotten, neu'n Johnny ac Alun! Roedd y gwasanaeth 'run fath i bawb, a hwnnw'n wasanaeth gwych!

Stafell newid ydi stafell newid, waeth lle mae hi. Ond unwaith roeddach chi ar y llwyfan 'na, nefi wen! Ches i rioed ffasiwn deimlad yn fy myw!

Uchafbwynt arall yn ein hanes ni fel deuawd oedd yr amser aethon ni i Amsterdam. Pŵer y peth, neu beth bynnag alwch chi fo, wnaeth fy nharo i'r tro yma.

Doeddan ni ddim ym ymwybodol ohono fo tan i ni gyrraedd ochrau Abergele neu rywle. Mi oedd 'na fysus yn mynd rownd Sir Feirionnydd, Sir Fôn, Sir Gaernarfon, Dinbych a llefydd eraill yn pigo pobol i fyny. Mi oedd 'na fws bach yn mynd â ni o Ben Llŷn i Landygái i gyfarfod bws mawr yn fan'no, ac roedd eraill yn gwneud yr un fath, ac erbyn i ni gyrraedd Abergele roedd y bysus mawr i gyd ar y lôn – saith ohonyn nhw.

Roedd John a fi yn Bws 1 efo'n teuluoedd, a dwi'n cofio edrych yn ôl pan oeddan ni'n mynd rownd rhyw dro ar yr A55, ac roeddech chi'n gallu gweld y fflyd i gyd – *Wagon Train* yr hogia'n mynd am Amsterdam! Roedd 'na dipyn wedi dod yn eu ceir hefyd.

Mi oedd o'n deimlad anhygoel meddwl bod y bobol 'ma i gyd yn dod i'n cefnogi ni. Ni? Bobol bach!

Mi oedd 'na Gymry wedi dod drosodd efo ni i Nashville hefyd, wrth gwrs, ond mi oedd hwn yn deimlad gwahanol i'r Ryman, achos roeddach chi'n gwybod yn fan'no bod eich harwyr chi wedi bod yno ac y bysa 'na sawl un yn dod yno ar eich holau chi. Teimlad personol iawn oedd hwnnw. Roedd Amsterdam yn wahanol.

Saith llond bỳs – 350 o bobol – yn hwylio dros nos i Amsterdam a ninnau'n canu ar y llong.

Anghofia i byth. Fferi P&O oedd hi, ac mi oedd 'na lwyfan iawn a lle dawnsio a bob dim. Grêt.

Dyma Elfyn Thomas o gwmni Silver Star, oedd yn trefnu'r daith, yn ein cyflwyno ni i un o swyddogion P&O rŵan. 'Dyma nhw John ac Alun ... nhw sy'n gyfrifol am y ffaith bod 'na gymaint o Gymry ar y llong heno ...'

Dyma'r swyddog yn mynd i'w boced a thynnu llyfr raffl allan, a rhwygo dau docyn yr un i John a fi: 'There you go lads, get yourselves a drink at the bar.'

Dyna fu. Dyma ni'n gwneud ein set, a chael hwyl garw efo'r gynulleidfa, a hyn a'r llall; pob dim wedi mynd yn wych. Duwcs, ar ôl i ni orffen dyma'r swyddog P&O yn ymddangos eto, a deud 'Ffantastic lads! Listen ... here you are ...' a rhoi'r llyfr raffl cyfan yn fy llaw i! Doedd o rioed wedi gweld ffasiwn beth medda fo, am fod y gynulleidfa'n mwynhau eu hunain cymaint ac yn morio canu efo ni, ond yn fwy na hynny roedd pwy bynnag arall oedd ar y llong wedi ymuno yn yr hwyl hefyd – boed nhw'n Almaenwyr, yn Saeson neu beth bynnag.

Mi oedd 'na awyrgylch ffantastig yno, a fel fyddan ni'n gwneud bob amser, dyma ganu 'Hen Wlad Fy Nhadau' ar y diwedd. Wel, mi fasach chi'n taeru bod ochrau'r llong yn bylchu allan ac yn crynu. Ew, mi oedd 'na angerdd ynddi hi – Cymry oddi cartref yn cael hwyl ac yn mynd i hwyl! Mi fues i'n siarad efo pobol wedyn, ac mi oedd rheiny'n deud 'run peth am y noson honno – neb rioed wedi gweld ffasiwn beth cynt na wedyn.

☆ JOHN ☆

I mi'n bersonol, mi oedd 'na goron arall ar ben y cyfan yn ystod y daith i Nashville, sef cael mynd i Graceland – cartref fy arwr mawr i, Elvis wrth gwrs, a hefyd i'r Sun Studio yn Memphis, lle wnaeth o recordio gyntaf.

Mi fyddai'n damio hyd heddiw na faswn i wedi cael gweld mwy ar Graceland, a

deud y gwir, a chael mwy o gyfle i gymryd pob dim i mewn yn iawn. Mi oeddan ni dan bwysau teledu drwy'r amser. Oeddan, roeddan ni'n cael mynd yno ar drip, ac roeddan ni'n lwcus iawn, ond roeddan ni'n gorfod gweithio ar ôl cyrraedd yno hefyd! Mae'r busnes teledu'n medru chwarae o gwmpas efo chi – ella y bydd 'na addewid o ddiwrnod rhydd y diwrnod wedyn am weithio'n galed, ond wedyn dros beint neu fwyd gyda'r nos mae rhywun yn deud: 'Ew, dwi wedi ffeindio lle da i fynd fory! Ydach chi ar gael?' a fedrwch chi ddim gwrthod wrth reswm! Nid cwyno ydw i, cofiwch! Fel'na mae hi, ac mi oeddan ni'n deall hynny'n iawn cyn cychwyn.

Mi fuon ni i Tupelo, i weld y *shack* bren lle cafodd Elvis ei eni. Mae'r lle wedi cael ei adnewyddu ro'm bach, ond mae rhai o'r dodrefn gwreiddiol yn dal yno, fel y gadair uchel a wnaeth ei dad pan oedd Elvis yn fabi. Maen nhw wedi gwneud y lle mor agos â phosib i sut fydda fo'n edrych yn nyddiau plentyndod Elvis, ac mae 'na amgueddfa fach wrth ei ochr o. Mae 'na hamoc yn hongian tu allan, ond doedd honno ddim yn wreiddiol. Doedd o'm llawer o beth i gyd – roedd ei deulu'n dlawd iawn wrth gwrs – ac wrth agor y drws ffrynt a'r drws cefn 'run pryd, mi fedrech chi weld yn syth drwodd, o'r ffrynt i'r cefn. Mi diclodd hynny fi braidd!

Tref tua maint Bangor a Chaernarfon efo'i gilydd ydi Tupelo, faswn i'n deud, ond mae hi'n reit wledig a gwasgaredig. Un peth wnaeth fy nharo i'n syth am y lle oedd mor heddychlon oedd o. Roedd hi'n haul braf a phobman yn dawel wrth gerdded o'r car am y tŷ, ar wahân i sŵn adar bach yn canu. Yn sicr, mi oedd 'na rywbeth sbesial am y lle.

Dwi'n ffan mawr o Elvis ers dyddiau plentyndod yn gwrando ar Radio Caroline. Dwi'n cofio clywed yr enwau mawr i gyd – y Beatles, y Rolling Stones a dwsinau o rai eraill, ond pan glywais i'r llais unigryw yma'n dod drosodd, roedd o'n amlwg yr adeg honno bod hwn yn wahanol i bawb arall, a dwi wedi bod yn ffan ers hynny.

Mynd mewn car wnaethon ni o Nashville i Tupelo am y diwrnod, a Hefin Elis yn dreifio – yno ac yn ôl mewn diwrnod. Roedd hi'n dipyn o daith, ac mi oedd gynnon ni gyngerdd y noson honno yn y Double Tree – bar enwog yn Nashville. Roedd Gail Davies yn canu yno. Mae hi o dras Cymreig, ac yn ffrindiau efo Iona ac Andy. Mae hi wedi bod i Gymru fwy nag unwaith.

Beth bynnag, yr unig gwrw oeddan nhw'n ei werthu oedd Budweiser, ac mi oedd hi wedi mynd yn dipyn o jôc rhwng ein criw ni a'r barman, achos mi aethon ni drwy grateidiau ohono fo! Mi oedd 'na 200 o Gymry gwyllt yno, doedd, ac mi oedd y boi'n chwerthin. 'Just had another special delivery in today,' medda fo.

Mi aeth Hefin ar y piano, Andy'n chwarae bas, drymiwr Gail Davies, a ninnau'n canu. *Scratch band* go iawn, ond mi gawson ni hwyl a noson dda ofnadwy. Mi oedd y criw oedd efo ni yn barod am hwyl, a wnaeth hi ddim gorffen yn fan'no. Mi aethon ni ymlaen i rywle arall wedyn. Dydi'r Americanwyr ddim fel ni yn hynny o beth. Mi oeddan nhw'n ei hel hi am eu gwlâu tua 10 o'r gloch, a ninnau yno tan yr oriau mân – tan oedd y dyn dwytha'n sefyll!

Mi fuon ni yn Roberts' Bar, yn Downtown Nashville – lle enwog am fod lot o fandiau yn mynd yno ar ôl gigs. Mi oeddan ni newydd golli Willie Nelson pan fuon ni yno! Wedyn yr enwog Tootsie's Bar, lle mae posib i chi weld rhywun enwog yn strymio gitâr neu'n chwarae mowth organ neu beth bynnag. Dyna oedd y drefn – syth o'r gwesty tua 10.30 i 11pm i lawr i un o'r llefydd yma, ac yno fyddan ni tan yr oriau mân, a ninnau isio codi tua 7.30 y bore wedyn i wneud diwrnod o waith eto! Ond dyna fo, mi wnaethon ni fo rywsut, ac mi oedd o werth o.

Yr unig beth fydda i'n teimlo'n drist yn ei gylch ydi mai dim ond atgofion sydd gynnoch chi, ac mae'r rheiny erbyn heddiw yn eitha rhydlyd. Mae gen i fideo o'r rhaglen ond mae hwnnw wedi mynd i grynu'n ofnadwy a dwi'n meddwl y basa'n eitha syniad i S4C wneud DVD o'r rhaglen – nid oherwydd John ac Alun, ond am ei fod yn dangos Nashville.

☆ ALUN ☆

Mae'r trydydd uchafbwynt i mi yn rhywbeth personol, sef bod John ac Alun, beth bynnag ydi hynny, wedi'n galluogi ni i roi geiriau ar bapur a rhoi alaw iddyn nhw. Fel arall, faswn i rioed wedi dychmygu sgwennu cân o fath yn y byd. Wnes i rioed feddwl am ffasiwn beth. Boed nhw'n dda neu beidio, i mi – ac i John dwi'n siŵr – mae o wedi bod yn gyfle pwysig ac un rydan ni'n ei drysori. Cofiwch, does 'na ddiawl o neb wedi gofyn i mi sgwennu cân iddyn nhw, chwaith!

☆ JOHN ☆

Fel dwi 'di sôn, mae Elvis yn arwr mawr gen i, ac mi ges i goblyn o wefr pan aethon ni i Memphis a chael cyfle i ymweld â'r enwog Sun Studio, lle recordiodd o am y tro cyntaf. Roedd sefyll o flaen y meicroffon gwreiddiol a ddefnyddiodd Elvis, a chanu 'Love Me Tender' yn un o'r profiadau mwyaf anhygoel dwi rioed wedi'u cael yn y busnas canu 'ma. Roedd o'n golygu lot i mi.

Mi wnaethon ni gyfarfod canwr adnabyddus arall yn y stiwdio honno sef Billy Swan, a sgwennodd y gân 'I Can Help'. Mi fu honno'n *hit* iddo fo ac i Elvis. Roedd gan Billy albym newydd allan pan wnaethon ni gyfarfod, ac mi roddodd gopi i ni wedi'i arwyddo: 'All the best to John ac Alun. We loved doing this CD, hope you enjoy it. Love your music, guys!' Chwarae teg iddo fo.

Roedd Hefin Elis wedi dod â thâp o gerddoriaeth 'Giatiau Graceland' – y gân yr oedd Tudur Morgan wedi'i sgwennu ar ein cyfer ni – ac wedi trefnu i ffilmio yn y stiwdio, felly mi gawson ni ganu'n fyw ar y meicroffon yr oedd Elvis wedi'i ddefnyddio yno. Ac roeddach chi'n gweld Billy Swan yn tapio'i droed i guriad y miwsig, ac mi ddudodd o 'Good song boys, good catchy song.' Mi gawson ni dipyn o hanes Elvis ganddo fo hefyd, am yr adeg pan ofynnodd o i Billy am ganiatâd i recordio 'I Can Help'. Mi oeddwn i wrth fy modd clywed hyn i gyd wrth gwrs – siarad efo rhywun oedd â chysylltiad uniongyrchol â fy arwr i! Oedd, roedd hi'n dipyn o daith rhwng bob dim.

id John Jones John ac Alun ydi'r unig John Jones efo cysylltiad â'r Ryman Auditorium. O na, mae 'na un arall. Cymro arall, fel mae'n digwydd hefyd, ond bod ei gysylltiad â'r adeilad yn gwbl allweddol ac yn mynd yn ôl i'r cychwyn cyntaf. Hebddo fo, fyddai'r Ryman ddim yn bod ...

Adeiladwyd y Ryman gan gapten llong o'r enw Thomas Ryman fel capel yn arbennig ar gyfer yr efengylwr poblogaidd Samuel Porter Jones (1847 – 1906). Roedd Sam, a aned yn Alabama ond a symudodd yn ifanc iawn i dalaith Georgia, yn dipyn o dderyn brith yn ei ddydd. Er ei fod yn dod o linach o Weinidogion Methodistaidd da, y gyfraith yn hytrach na'r pulpud a'i denodd yn gyntaf. Ond, roedd o'n dioddef efo'i nerfau, ac i geisio concro'r broblem, trodd at y ddiod gadarn, ac o ganlyniad roedd yn alcoholig rhonc o fewn dim o dro. Chwalodd ei yrfa, ac am sbel dywedir iddo fod yn gweithio mewn ffwrneisi, ac fel gyrrwr wageni.

Y RYMAN AUDITORIUM

Ceisiodd roi'r gorau i'r ddiod fwy nag unwaith, ond syrthio oddi ar y wagan oedd ei hanes bob tro. Roedd marwolaeth ei ferch fach yn ddigon i'w sobri am gyfnod, ond ymhen hir a hwyr roedd yn ôl ar y botel drachefn. Ac yna, yn 1872 daeth galwad i ddweud bod ei dad ar ei wely angau, a rhuthrodd Sam i fod gydag o. Efo'i eiriau olaf bron, crefodd ei dad arno i sobri ac edifarhau, a'r tro hwn fe welodd Sam y goleuni. Wythnos yn ddiweddarach, yn eglwys ei daid (Samuel Gamble Jones) yn Cartersville, Georgia, cyfaddefodd Sam ei bechodau gerbron Duw a chafodd ei dderbyn yn aelod o'r Eglwys Fethodistaidd.

Yn fuan iawn amlygodd ei ddawn arbennig fel pregethwr a diwygiwr, a chyn hir roedd miloedd yn dod i wrando arno mewn cyfarfodydd.

NASHVILLE

Yn eu plith, ym mis Mai 1885, yr oedd Thomas Ryman. Bwriad Ryman oedd heclo Sam Jones, ond cafodd ei gyfareddu i'r fath raddau ganddo nes iddo addo codi capel mawr iddo yn Nashville – yr Union Gospel Chapel, a agorwyd yn 1892, ac a ddaeth ymhen blynyddoedd i gael ei gyfri'n Fameglwys Canu Gwlad, oherwydd mai oddi yno y darlledwyd rhaglen radio *The Grand Ole Opry* am flynyddoedd.

Ond beth yw'r cysylltiad â Chymru?

Wel, yn ôl achau'r teulu, cafodd hendaid Samuel Porter Jones, sef Joseph John Jones, ei eni yng Nghymru yn 1760. Yn anffodus nid ydym yn gwybod yr union leoliad, ond roedd yn fab i John Jones arall, a aned yn 1735 mae'n debyg.

Mae blynyddoedd cynnar Joseph John yn ddirgelwch, ond ar ôl ymfudo i America gwyddom iddo briodi Ellen Gamble yn Abbeville, De Carolina yn 1802. Bu farw yn 1809, ond nid cyn iddo ddod yn dad ar nifer o blant, yn cynnwys taid Sam, sef Samuel Gamble Jones.

Priododd hwnnw Elizabeth Ann Edwards, merch y Parch. Robert L. Edwards (tybed a oedd hithau o dras Cymreig?), a chawsant 11 o blant, yn cynnwys John Joseph, tad Sam. A heb y John Jones hwnnw, wrth gwrs, fyddai'r Ryman Auditorium ddim yn bod.

Capel yn dal 2,362 o bobl oedd y Ryman i ddechrau, ac mae'n dal i edrych fel un, y tu mewn a'r tu allan. Mae gan yr hen le dipyn o stori i'w hadrodd hefyd.

Newidiwyd ei enw o'r Union Gospel Tabernacle i'r Ryman Auditorium pan fu farw Thomas Ryman yn 1904. Ond o 1943 crefydd arall oedd yn cael ei dilyn rhwng ei furiau.

Un o raglenni radio mwyaf poblogaidd yr Unol Daleithiau yn y 1920au oedd y *Grand Ole Opry*, ac am dros 30 mlynedd y Ryman oedd cartre'r rhaglen. Yn wir, mae'r ddau yn rhan annatod o hanes canu gwlad yn ystod ei flynyddoedd mwyaf poblogaidd.

Gwelodd llwyfan yr hen gapel ddatblygiadau cerddorol hanesyddol. Yn y Ryman, ar noson o Ragfyr yn 1945, yr ymunodd y chwaraewr banjo ifanc o Ogledd Carolina, Earl Scruggs, â grŵp Bill Monroe, y Bluegrass Boys. Yn fuan iawn dechreuodd grwpiau eraill efelychu'r arddull, a chyn pen dim ganed ffurf newydd ar gerddoriaeth sy'n cael ei hadnabod heddiw fel Bluegrass.

Yn 1949 cafodd cynulleidfa'r Ryman ei swyno gan lipryn tal, main, o Alabama, o'r enw Hank Williams. Pan ganodd 'Lovesick Blues' aeth y gynulleidfa'n wallgo, a chafodd ei alw'n ôl i'r llwyfan chwe gwaith – record sy'n dal i sefyll.

Bu'r brenin ei hun, Elvis, yn canu yno yn 1954, a'r Dyn Mewn Du, Johnny Cash, yn 1956.

Patsy Cline, Jim Reeves, Ernest Tubb, Marty Robbins, Willie Nelson, George Jones, Dolly Parton, Tammy Wynette a llu o sêr eraill – maen nhw i gyd wedi canu yn y Ryman.

Gyda llaw, mae'r *Grand Ole Opry*'n dychwelyd i'r Ryman yn achlysurol heddiw, ac mae'r rhaglen yn dal i ddarlledu'n wythnosol i bedwar ban yr Unol Daleithiau. Ewch i wsmonline.com.

Ar drywydd arall, ydach chi wedi sylwi faint o gantorion canu gwlad sydd â chyfenwau Cymreig, neu gyfenwau sy'n gyffredin yng Nghymru? Wrth reswm, dydi hynny ddim yn golygu eu bod o dras Cymreig, ond mae'n ddifyr dyfalu, yn tydi? Mae 'na sawl Morgan, Morris, Lloyd a Davis, ac mae 'na un Meredith Edwards! Dyma ambell un arall o'r rhai mwyaf adnabyddus: Gail Davies; Sara Evans; Nanci Griffith; Emmylou Harris; George Jones (priod Tammy Wynette); Grandpa Jones; Jerry Lee Lewis; Buck Owens; Randy Owen (o'r grŵp Alabama); Webb Pierce; Ray Price; Conway Twitty (Harold Lloyd Jenkins ydi ei enw go iawn); Don Williams; Hank Williams; Tammy Wynette (Virginia Wynette Pugh ydi ei henw go iawn).

SUN STUDIO

Mi oedd y daith i Nashville yn gyfle i ni nid yn unig fynd i weld catrref Elvis yn Graceland, a'i fan geni yn Tupelo, ond hefyd i'r enwog Sun Studio yn Memphis – man geni roc a rôl.

Sefydlwyd y stiwdio gan Sam Phillips (enw arall sy'n gyffredin yn rhai ardaloedd o Gymru) yn 1950. Roedd y Sun yn recordio gwaith cerddorion gwyn a rhai croenddu, yn wahanol i'r rhan fwyaf oedd yn canolbwyntio ar y naill neu'r llall.

Mae'n hawlio'r teitl 'man geni roc a rôl' am mai yno yn 1951 y recordiwyd y gân gyntaf yn y genre, yn ôl pob tebyg – 'Rocket 88', gydag Ike Turner ar y piano.

Ond y cymysgu a'r cyd-chwarae rhwng cerddorion o bob lliw a llun ac o bob tâst cerddorol oedd yn bennaf gyfrifol am dwf roc a rôl yn y stiwdio fechan hon. Deuai artistiaid croenddu, cantorion blŵs ac R&B i gysylltiad â chantorion *country* a *rockabilly*, ac yn raddol bach tyfodd math newydd o gerddoriaeth, a chwaraeodd y Sun Studio ran ganolog yn yr holl beth.

Rhyw adeilad brics coch, digon di-nod ydi'r lle, ond ewadd, roedd 'na awyrgylch anhygoel yno. Unwaith yr oeddach chi'n camu drwy'r drws, roeddach chi'n ymwybodol o hanes y lle, ac o'r enwau mawr oedd wedi recordio yno. Yma y recordiodd Elvis ei gân gyntaf, 'That's All Right'.

25

DALIWCH ATI HOGIA

DILWYN MORGAN

I bawb sy'n dilyn canu gwlad mae llefydd fel Nashville, Graceland a'r Grand Ole Opry, ac enwau fel Fiddlin John Carson a Lester Flatt ac Earl Scruggs yn enwau cyfarwydd iawn, ond i Lo Llŷn fel fi, yr enwau dwi'n eu cysylltu â chanu gwlad ydi Tudweiliog a John ac Alun.

Ia yr 'hogia' sydd wedi rhoi canu gwlad ar y map i mi a miloedd o rai eraill. Rydw i wedi cael y fraint o rannu llwyfan gyda'r hogia (a stafell newid ond awn ni ddim i sôn am hynny rŵan!) ac wedi rhyfeddu lawer gwaith at eu dawn, nid yn unig yn gerddorol ond y ffordd maen nhw'n cysylltu â'r gynulleidfa – mor gartrefol ac mor ddidwyll. Nid rhoi sioe ar lwyfan mae John ac Alun, rhai fel'na ydyn nhw go iawn – cartrefol ac agos atoch chi. O ia, maen nhw'n gallu canu hefyd. Daliwch ati hogia, dim giatiau Graceland fydd hi toc ond giatiau Tudweiliog.

DILWYN PIERCE

Mi ddechreuon ni yn y byd adloniant tua'r un pryd – fi chydig o flynyddoedd ar eu holau nhw – ac rwyf wedi cael y fraint o rannu llwyfan efo John ac Alun sawl gwaith, mewn neuaddau pentref o Aber-porth i Ben Llŷn, a theatrau mawr y Rhyl a Llandudno. Ac roedd un peth yn sicr, sef y byddai'r lleoliadau bob amser yn llawn. Er cymaint o nosweithiau rydan ni wedi eu cadw gyda'n gilydd, 'dan ni rioed wedi cael gair croes.

Mae'r ddau bob amser yn broffesiynol iawn ac yn hynod o hawdd i weithio hefo nhw; er yr holl gyfresi teledu a rhaglenni radio, a'u poblogrwydd, dydi o heb eu newid o gwbwl, maen nhw'n dal yn ddau o hogie Pen Llŷn.

BRAINT

RHANNU LLWYFAN

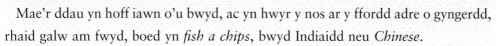

Mae hi wedi bod yn braf eu croesawu i bentref bach Llannefydd acw, ac er yr holl deithio ledled Cymru, maen nhw wedi bod ar goll bob tro maen nhw wedi bod yma. 'Nes i orfod mynd o'u blaenau unwaith ar hyd y ffyrdd culion i'w tywys nhw at yr A55.

Mae'r ddau yn hoff iawn o'u bwyd, ac yn hwyr y nos ar y ffordd adre o gyngerdd, rhaid galw am fwyd, boed yn *fish a chips*, bwyd Indiaidd neu *Chinese*.

Mae'r ddau yn cymryd eu tro i ddreifio bob yn ail i le bynnag fydd y noson yn cael ei chynnal. Ond Alun ydi'r Lewis Hamilton – ges i andros o waith dal i fyny ef fo un waith ar y ffordd adre o dde Cymru. Ond serch hynny, John gafodd ei ddal gan yr heddlu yng nghanolbarth Cymru am yrru. Y peth mwyaf doniol y noson honno oedd gwrando arno yn trio darbwyllo'r heddwas i beidio rhoi tocyn iddo.

Maent yn hamddenol braf ar y llwyfan, ond fel gŵyr rhai, mae gan John ffiws fer, ac mae'n gwylltio'n sydyn. Un o'r troeon pan welais i hyn oedd pan oeddem yn cynnal cyngerdd i Gymdeithas Cymry Cymraeg Croesoswallt, yng ngwesty hyfryd y Wynnstay. Ar ôl noson lwyddiannus arall roedd rhaid pacio'r gêr unwaith eto, ac aeth John i nôl y Volvo.

Mi driodd o fagio i le cyfyng iawn ar darmac, ac ar ôl tua tri neu bedwar cynnig roedd Alun a fi yn ei glywed yn siarad hefo fo'i hun, a stêm yn dod allan o'i glustiau. Drws nesaf i'r tarmac roedd lawnt odidog a pholion bach gwyn a tseini, rhag i rywun fynd ar y lawnt. Erbyn yr wythfed tro, a'r rhegi'n mynd yn fwy ac yn uwch, mi fagiodd ar y lawnt hyfryd, ac roedd y polion bach gwyn a'r tseini yn disgyn fel dominos.

Y gwaith anodda'r noson honno i Alun a fi oedd stopio chwerthin cyn iddo ddod allan o'r car. Lluchiodd y gêr i mewn i'r car ac i ffwrdd â nhw adre i Ben Llŷn gan adael ôl teiars y Volvo ar lawnt y Wynnstay.

Mae hi wedi bod yn bleser llwyr bob tro bod yn eu cwmni ac yn fraint rhannu llwyfan â nhw. Daliwch ati, hogie!

Tafarn Beca

Agorodd Rita a Don James Dafarn Beca yn Nhre-lech 'nôl yn 1988, ac yn fuan iawn daeth y lle'n Fecca i ganu gwlad yn y cylch.

☆ RITA ☆

Ar ôl rhyw ddwy neu dair blynedd fe ddechreuon ni gynnal nosweithie canu gwlad yn y dafarn bob nos Sadwrn, a bydde gwahanol grwpiau'n dod yno i chwarae ac roedden ni'n cael nosweithie da iawn. Fe fydde John ac Alun yn aros 'da ni bob tro.

Y drefn oedd fod pobl yn bwcio bord i fwyta, ac yn cadw'r ford honno wedyn drwy'r nos. Wel, pan oedden ni'n cyhoeddi'r rhaglen am y flwyddyn fe fydde pobl yn bwcio'u byrdde ddeufis ymlaen llaw ar gyfer nosweithie John ac Alun, ac fe fyddai'r lle dan ei sang bob tro. Roedden nhw'n nosweithie arbennig iawn.

Roedden ni wedi'u clywed nhw yn Nant-y-clun ryw dro, ac ar y radio wrth gwrs. Maen nhw'n fechgyn mor neis, ac mor naturiol a chartrefol, a'r peth lleiaf fedren ni wneud yw diolch yn fawr iddyn nhw nawr am eu gwasanaeth dros y blynydde, a dymuno pob lwc iddyn nhw ar gyfer y chwarter canrif nesaf!

☆ MAISIE EVANS ☆
Cenarth

Ar ddiwedd yr 1980au roeddwn yn dafarnwraig yn y Llew Coch yn Aberteifi ac yn cynnal nosweithie canu gwlad yn rheolaidd ar nos Wener, a oedd ar y pryd hynny yn denu llawer o bobl a phawb yn cael mwynhad mawr.

Rwy'n cofio John ac Alun yn dod i ganu ddwy waith neu dair y flwyddyn atom, er bod Aberteifi braidd yn bell i'r bechgyn. Fe fuodd tair neu bedair ohonon ni'r menywod yn rhyw fath o 'grwpis' iddyn nhw, ac yn eu dilyn i bobman.

Dwi wedi ymddeol nawr, ond mae Brenda, fy ffrind, yn rhedeg clwb bowlio yn Aberteifi a bob blwyddyn mae'r ddwy ohonom yn mynd i'r Steddfod – dyna yw ein gwylie ni. A phob blwyddyn byddwn o hyd yn gweld y bechgyn ac yn cael gair a chlonc fach gyda nhw, er eu bod erbyn hyn yn enwog drwy Gymru ac yn diddanu llawer ohonom ar nos Sul. Pob lwc iddyn nhw, a diolch am ein difyrru ar hyd y blynyddoedd.

☆ ROBIN AC ANDREA SYMINGTON ☆
Caernarfon, ond o Ogledd Iwerddon yn enedigol

Dechreuom wylio S4C pan ddaeth yn ddigidol yn ôl yn niwedd y nawdegau. Roedd cynnwys y rhaglenni yn apelio atom er ein bod yn gwylio popeth gydag isdeitlau. Yr adeg honno roeddem yn byw yn Stafford ac wedi bod yno am tua deng mlynedd ar hugain. Gan fod y ddau ohonom wedi ein geni yng Ngogledd Iwerddon roeddem yn hoff o fiwsig, yn enwedig canu gwlad. Daeth *Noson Lawen* felly yn ffefryn, ac roedd John ac Alun yn enwau i edrych allan amdanynt, yn

enwedig pan gawsant eu cyfres eu hunain yn 2001. Roedd eu canu yn y Gymraeg yn rhoi dimensiwn ychwanegol i ni ac fe fyddem yn trafeilio'r 170 milltir o Stafford i'r Bala ac yn ôl i brynu eu CD ddiweddara. Ers i ni symud i Gaernarfon yn 2008 yr ydym wedi mwynhau eu perfformiadau byw ac yn edrych ymlaen at lawer mwy yn y dyfodol.

CYTHRAUL CANU

PENNOD 2

☆ JOHN ☆

Yn yr ysgol – ysgol bach D'weiliog 'ma – y dechreuais i ymddiddori mewn canu. Roedd yr hen Davies Sgŵl – Richard I. Davies – wrth ei fodd yn rhoi her i ni ar bnawn dydd Gwener, ac mi fyddai rhai'n adrodd, eraill yn deud stori, ond canu fyddwn i bob tro fwy neu lai.

Doedd gen i ddim ofn o gwbl gwneud hynny – emyn, neu gân arall roeddwn i'n digwydd ei gwybod. Mae un yn aros yn y cof – 'Angylion y Plant'. Dwi wedi'i chlywed hi'n cael ei chanu wedyn ar *Songs of Praise*, ond dwi'n cofio'i chanu hi yn yr ysgol ac yn Steddfod Bach D'weiliog pan o'n i'n saith oed. Mi ges i wobr gyntaf, ac ew, roeddwn i'n meddwl fy hun yn ddiawl o foi 'radeg honno!

Mi fyddwn i'n mynd i lawer o steddfodau bach eraill ym Mhen Llŷn 'ma hefyd: Steddfod Bwlchtocyn, Steddfod Calan Morfa Nefyn, Steddfod Rhoshirwaun. Mi fues i'n canu yn erbyn Alun ryw dro hefyd. Roedd Merfyn fydda'n yr ysgol efo fi ac yn byw i fyny'r lôn oddi wrtha i, yn dipyn o ganwr. Ond mi curish i fo yn D'weiliog 'ma ryw dro, a wnaeth ei fam o ddim sbio arna i am tua tair wythnos! A dyna pam, hyd heddiw, dwi ddim yn rhy hoff o steddfodau – i mi gael rhoi fy marn! Mae 'na lot o *bitchiness* ynddyn nhw – yr hen gythraul canu. Y rhieni 'di'r drwg fel arfer, mae'r plant sy'n cystadlu yn iawn.

'Mae Ifan ni yn canu'n well na Mari chi.'

Neu 'O, bechod, mi gafodd Gwenno bach gam, cofiwch!'

Mae o'n afiach fydda i'n meddwl, a dyna pam wnes i ddim mynd i drio mewn steddfodau mawr. Mae pobol dipyn yn drist os ydyn nhw'n teimlo fel hyn, dim ond am fod rhywun wedi curo'u plentyn nhw. Dwi wedi colli mewn steddfodau hefyd, ac mae'n rhaid i chi ddysgu ennill a cholli, ond yn anffodus, dydi rhai rhieni ddim yn gweld hynny.

Mae 'na gythraul canu efo rhai o'n cyd-artistiaid ni heddiw hefyd. Dwn i ddim ai gwenwyn ydi o 'ta be, ond dwi wedi dod ar ei draws o unwaith neu ddwywaith.

Mi welis i Meic Stevens ryw dro yn ei deud hi'n ofnadwy amdanon ni mewn cylchgrawn Cymraeg. 'John ac Alun – dau ff**** jerk, yn difetha'r holl sin. *Karaoke shit*,' neu rwbath fel'na ddudodd o, os dwi'n cofio'n iawn! Dwi'm yn meddwl ei fod o'n lecio'n math ni o gerddoriaeth, ac mae'n siŵr bod ganddo fo broblem am ein bod ni'n cael y sylw i gyd ar y pryd. Ond mi welson ni fo ychydig wedyn, ac roedd o fel tasa dim byd yn bod. 'Duw shwmai bois!'

Wedyn yn Steddfod Wrecsam 2011 mi oeddan ni'n canu ar y llwyfan mawr wrth ymyl y bar Guinness, ac ew, mi gawson ni bnawn difyr yno! Mi oedd gynnon ni ddrymar a bâs a *keyboards*, a pwy oedd yn ista yno yn tu blaen efo'i gamera fideo a'i beint, ond Meic! Mi ddaeth draw ar y diwedd a deud 'Gwd show bois, blydi briliant!' Ond 'dau ff**** jerk' oeddan ni cyn hynny! Ond dyna fo, Meic 'di Meic 'de? Mi fedra i ddallt y peth mewn ffordd, achos ar un adeg roeddan ni ar dudalennau *Golwg* neu rwbath bob wythnos, ac yn cael cyfresi teledu ac ar y radio'n aml.

Dydi cythraul canu ddim yn unigryw i Gymru chwaith. Mi ddaru'r hen Waylon Jennings ddeud petha digon cas am bobol fel y Dixie Chicks a rhai felly, a bod y sin wedi mynd i lawr ar ôl be oedd pobol fatha fo wedi'i wneud. Mae gynno fo gân, 'What Would Hank Think of This?'. Felly nid rhywbeth Cymreig ydi cythraul canu. Mae o'n digwydd ym mhob man.

Mi ydan ni wedi cyfarfod llwythi o bobl yn y busnas ers y cychwyn – dwi'n sôn am artistiaid rŵan – ac mae'r rhan fwyaf wedi bod yn glên iawn, ac eraill ddim mor glên. Ond fel'na mae bywyd 'te? Does 'na ddim byd drwg ofnadwy wedi digwydd erioed, dim ond bod rhai pobol yr oedd rhywun yn sbio i fyny arnyn nhw ar un adeg wedi troi allan i fod yn wahanol i'r hyn yr oeddach chi'n feddwl oeddan nhw.

Mi oedd gin i ddwy hogan yn eu harddegau pan oeddan ni ar ein hanterth, ac roedd gan Alun dri hogyn, ac roeddan nhw'n clywed pobl ifanc eraill yn deud petha amdanon ni. Doedd John ac Alun ddim cweit eu teip nhw beth bynnag mae'n siŵr, nagoedd? Roedd well gynnon nhw hwn a hwn neu hon a hon neu ryw grwpiau eraill. Ond mi oeddwn i'n clywed am gigs rhai o'r grwpiau ifanc 'ma, lle doedd 'na mond hanner dwsin o bobol yno ambell waith, a'r jôc oedd, yn y cyfnod hwnnw, pobol fatha ni oedd yn llenwi neuaddau, 'te?

Mi fydda i'n deud o hyd wrth Alun, be sy'n dda ydi does 'na neb erioed wedi'n gwthio ni ymlaen. Mae o i gyd wedi digwydd yn naturiol ac wedi tyfu'n naturiol.

'Nes i rioed feddwl y baswn i'n mynd i ganu efo Alun. Doeddan ni'n gwneud dim byd â'n gilydd yn yr ysgol. Mae 'na ryw ddwy flynedd a hanner rhyngddom ni, felly am ei fod o fymryn yn hŷn na fi yn Ysgol Botwnnog, mi oedd ganddo fo ei griw, wrth gwrs, a doedd ein llwybrau ni ddim yn croesi rhyw lawer o gwbl. Dwi'm yn ei gofio fo ar y bws ysgol na dim. Mi oedd o'n byw yn ardal Rhoslan, Tudweiliog – dros y ffordd â nhŷ fi rŵan – a finnau'n byw yn y tai cyngor yng ngwaelod y pentref nes symudis i at Taid i'r Felin. Ac felly doeddan ni ddim yn gweld ein gilydd, mond mewn rhyw steddfod neu beth bynnag ella. Mi aeth o o 'ma i Loegr yn 16 oed.

Ond yn yr haf pan oedd 'na gêm bêl-droed ar y traeth yn erbyn Saeson, mi oedd pawb yn fêts 'radeg honno. Mi oedd Alun yn fwy o bêl-droediwr na fi, ond mi ges i dipyn o hwyl arni yn nhîm yr ysgol hefyd. Mi wnaethon ni ennill cwpan ryw dro a daeth Brian Labone o bawb, capten Everton, i gyflwyno'r cwpan a'r medalau i ni.

Dwi'n fwy o ddyn rygbi erbyn hyn. Mi wylia i gêm rygbi, ond dwi ddim yn or-hoff o bêl-droed rŵan achos yn un peth dydyn nhw ddim yn chwarae fel oeddan nhw pan oedd George Best wrthi! Mi oeddan nhw'n gemau iawn yr adeg honno, efo pêl iawn a ballu, lledr caled, a mwd hyd y cae. Dydyn nhw ddim yn cael

twtsiad yn ei gilydd bron iawn y dyddiau yma. Ac mae 'na ormod o bres, posars a prima donnas yn y gêm!

Mi fyddwn i'n canu adref bob munud pan o'n i yn yr ysgol. Mi fydda fy mam a nhad yn gwneud beth bynnag oeddan nhw'n ei wneud ar nos Sul ac mi fyddwn innau'n cyhoeddi, 'Hisht rŵan, dwi isio canu i chi!' Ac mi fyddwn i'n sefyll ar ganol y llawr a chanu'r gân ddiweddaraf i mi ei dysgu. Nid mod i'n trio deud bod gen i lais na dim byd felly, ond mi oeddwn i'n mwynhau canu, ac yn mwynhau perfformio, mae'n amlwg!

Mi oedd gan Mam ryw hen beiriant chwarae recordiau, Dansette, ac mi fydda hi'n chwarae recordiau'n ddi-baid. Jim Reeves oedd un o'r rhai mwyaf poblogaidd gan Mam. Pob parch iddo fo, ond pan fydda i'n ei glywed o heddiw mi fydda i'n ochneidio – dwi wedi laru arno fo braidd ar ôl gwrando cymaint arno fo pan o'n i'n blentyn.

Mi oedd 'na fynd mawr ar Miki and Griff acw hefyd, yn enwedig y gân 'A Little Bitty Tear Let Me Down.' Mam yn morio canu, a finna hefyd, mae'n drist gen i gyfaddef! Gyda llaw, Barbara ac Emyr Griffith oedd enwau iawn Miki and Griff – Barbara yn wreiddiol o Ynys Bute yn yr Alban, ac Emyr yn Gymro. Mi gawson nhw ambell i lwyddiant yn y Siartiau Prydeinig yn yr 1950au hwyr a'r 1960au cynnar, ac yn 1964 mi aethon nhw drosodd i Nashville, a chanu yn y Grand Ole Opry ... ia, yn yr hen Ryman Auditorium. Ond dwi'n meddwl mai dyna'r unig beth sydd ganddyn nhw'n gyffredin efo John ac Alun! Wn i ddim o ble'n union yr oedd Emyr Griffith yn dod, ac a oedd o'n siarad Cymraeg ai peidio. Mae'n swnio fel y gallai fod yn Gymro Cymraeg, tydi? Os oedd o, mae'n bosib mai fo oedd y Cymro Cymraeg cyntaf i ganu yn y Ryman. Neu, fuodd 'na rywun o'i flaen o tybed? Mi fyddai'n ddiddorol cael gwybod.

Deuawd arall boblogaidd ar Dansette Mam oedd Griff a Watcyn efo caneuon fel 'Trowsus Melfaréd' a 'Dyddiau Difyr', (mi recordiodd John ac Alun honna ar y CD *Os Na Ddaw Yfory*, yn 1995).

Aled a Reg, dyna ddau arall, a Tony ac Aloma wrth gwrs – doedd 'na ddim cartref yng Nghymru, bron, heb un o recordiau'r ddau o Fôn! Ar ôl clywed y rhain i gyd, dwi'n cofio meddwl i fi'n hun na fuaswn i byth yn canu mewn deuawd! Mi fyddwn i'n dynwared yn y drych, efo brwsh gwallt Mam fel meicroffon, ond wnes i rioed ddychmygu fy hun yn rhan o ddeuawd. Rhyfedd o fyd.

Elvis, Tom Jones, Johnny Cash, Kris Kristofferson, rheiny oedd y bois i mi, ac o ran y grwpiau, y ffefrynnau oedd y Searchers, y Bee Gees, a'r Eagles yn ddiweddarach.

Mi oedd canu gwlad yn fy nenu o'r cychwyn am ryw reswm. Mi o'n i'n medru uniaethu efo fo am wn i. Iawn, ella nad ydi Elvis yn ganwr gwlad yng ngwir ystyr y gair, ond mae o wedi gwneud lot o faledi a bob math o bethau felly.

☆ PAM JOHN? ☆

Mi gefais yr enw John ar ôl fy nhaid, Taid Felin, tad fy nhad a fy enw canol, Thomas, ar ôl fy nhaid arall, tad Mam. Dwi'm yn lecio fy enw o gwbl, ond dyna fo, doedd gen i ddim dewis yn y peth! Mae'r genod 'cw 'run fath: 'Pwy roth yr enw Mari Elin arna i?' fydd Mari'n ddeud! A Sioned yn cwyno mai Sioned Medi ydi hi!

☆ DIFARU ☆

Wnes i ddim trio rhyw lawer yn yr ysgol, waeth i mi fod yn onest am y peth ddim. Dwi'n difaru heddiw wrth gwrs, ond ar y pryd roeddwn i jest isio dod o 'no. Casáu'r lle. Ond mi oeddwn i'n mwynhau cerddoriaeth, ac mi oedd yr athrawes gerdd, Mrs Valerie Ellis, yn ddig iawn efo fi, am bo fi ddim wedi trio ac am i mi adael pan oeddwn i yn y bedwaredd flwyddyn (Fform Ffôr). Mi wnaeth hi fy nghornelu ar yr iard un diwrnod a rhoi llond pen i mi, 'Mae 'na ddigon yn eich pen chi, ond dydach chi ddim yn trio, John!' Biti na faswn i wedi gwrando mwy ar bobl fel'na, ond dyna fo.

☆ PROFIAD DA ☆

Taid brynodd fy ngitâr gyntaf i mi, ac erbyn 1973 roeddwn wedi dechrau mynd i ganu ar fy mhen fy hun am y tro cyntaf i'r dafarn leol, y Lion. Mi oedd o'n lle da (mae o'n dal yn lle da o ran hynny), efo criw da o bobl leol yn hel at ei gilydd, a ddwy waith y mis mi fydda 'na noson o ganu yno, ac mi fyddai'r amplifier a'r gitâr yn dod allan. Hen amp bach oedd gen i – £30 rois i amdano fo – ac mi fyddwn i'n plwgio'r gitâr a'r meic i mewn i hwnnw! Canu *covers* a hen ganeuon Cymraeg oeddwn i, a chanu am dips ac am yr hwyl.

Doeddwn i ddim yn disgwyl dim byd am wneud a deud y gwir. Ond mi oedd o'n brofiad da. Mwya'n byd yr oedd pobl yn mwynhau ac yn yfed, mwya'n byd o bres oedd yn mynd i mewn i'r tun ar y llawr! Doedd o ddim llawer, ond mi oedd o'n rwbath bach ychwanegol ar ben cyflog, ac mi ddaeth hyn yn rwbath rheolaidd bob mis.

Doedd 'na ddim math o strwythur i'r peth, ac roedd o'n fwy o hwyl na dim byd arall, a phobl yn canu efo fi – rhai ohonyn nhw mewn tiwn hyd yn oed!

Mi oedd o'n brofiad gwych ac o fan'no roedd rhywun yn gofyn i mi fynd i'r capel i ganu efo'r plant neu rwbath felly.

Doeddwn i ddim yn nerfus o gwbl yn ei wneud o. Mi wnes i ddechrau teimlo'n fwy nerfus pan wnaethon ni ddechrau fel John ac Alun, ac mi oeddwn i'n bendant yn nerfus yn y Ryman – mi oeddwn i'n gwneud yn fy nhrowsus yn fan'no a bod yn onest – ond fel arfer dwi'n reit dda. Mae o'n habit gen i wrth fynd allan i ganu i fynd â ffeil efo fi ar stand, efo geiriau'r caneuon i gyd ynddo fo. Wna i ddim sbio arno fo unwaith yn ystod y noson mae'n siŵr, ond o leiaf dwi'n gwybod ei fod o yno! Mae'n rhaid i mi ei gael o. Mae meddwl rhywun yn crwydro, ac os na fyddwch chi'n ofalus mi fedrwch chi anghofio'r geiriau. Maen nhw'n handi hefyd os ydi rhywun yn gofyn i ni ganu cân nad ydan ni wedi'i chanu ers tro, jest i f'atgoffa fy hun. Dwi reit dda am gofio geiriau fel arfer, ond mae'n rhaid i mi eu cael nhw o fy mlaen i erbyn hyn.

Pan oeddwn i'n mynd i ganu ar fy mhen fy hun, doedd gen i ddim byd, dim math o bapur o fy mlaen – mi oeddwn i'n cofio'r holl ganeuon, a dwi'n sôn am ddegau ar ddegau ohonyn nhw! Ond mae'n rhaid i mi gael y geiriau – jest rhag ofn rŵan. Henaint, mwn!

LOT O LAFFS

GARETH OWEN

Ges i'r pleser a'r fraint o ymddangos hefo John ag Alun mewn neuadda a thafarna, clybia golff a theatra ledled y wlad o Fôn i Fynwy, a gaethon ni lot o hwyl dros y blynyddoedd.

Sypôrt o'n i wrth gwrs, pan o'n i'n ymddangos hefo'r hogia. Sbot hanner awr yn y rhan gynta a sbot ugian munud yn yr ail ran. Un o gryfdera'r hogia ydi eu bod nhw ddim yn cymryd eu hunain ormod o ddifri, ac maen nhw'n medru chwerthin am ben eu hunain. Ddim yn beth hawdd ymysg egos mawr y byd adloniant.

Mi fyddwn i'n arfer deud y jôc yma yn fy act, ac yn ei deud hi fel hyn: 'O'dd na foi yn Tesco yn mynd â'i fasgiad drw'r checowt, a medda'r hogan ar y til: "Tun o bys, papur lafatri, bylb ... dach chi'n byw ar ben ych hun, yn tydach?" "Yndw", medda'r boi. "Sud oeddach chi'n gweithio hynna allan?" A medda'r hogan, "Am fod chi'n hen gythral bach hyll." '

Un noson ddaru Alun benderfynu trio deud y jôc, ac mi anghofiodd y *punch line*. Tra oedd o'n trio cofio, mi aeth ati i lenwi'r fasgiad hefo llawer mwy na thun o bys, papur lafatri a bylb. Mi o'dd 'na datws a moron, swej, hufen iâ, cacan jocled a bob cythral o bob peth yn y fasgiad yn ôl Alun, ond doedd o'n dal ddim yn medru cofio'r lein ola. Mi gofiodd bod isio i'r hogan ofyn i'r boi oedd o'n byw ei hun ac i'r boi ofyn sut

oedd hi'n gweithio hynna allan, a rŵan fedra
fo fynd dim pellach, roedd o wedi cyrraedd y
punch line a dyma fo'n gorffen y jôc fel hyn:

"Yndw", medda'r boi. "Sut oeddach chi'n gweithio hynna allan?"

"A medda'r hogan, "am fod chi'n ... am fod chi'n ... uffarn". Dim laffs, ac Alun
yn methu dallt pam.

Ond gaethon ni lot o laffs yn nosweithia John ac Alun, a wir yr, dim ots faint o
weithia o'n i wedi clwad y caneuon, fyddwn i wrth fy modd yn ista yn y dresing
rŵm yn gwrando ar yr hogia yn mynd trwy'u petha ar y llwyfan.

Felly, diolch o galon am y cyfle. Mae wastad yn bleser gweithio hefo'r ddau
unigryw o Ben Llŷn, a gobeithio na fyddan nhw'n ymddeol o'r byd adloniant am
chwarter canrif arall o leia.

☆ ENID THOMAS ☆
Croesoswallt

Dwi'n dilyn ac yn adnabod John ac Alun ers dros 20 mlynedd pan oeddwn i'n ysgrifennydd Clwb Cymry Croesoswallt. Dwi'n dal i drefnu nosweithiau i'r clwb hyd heddiw.

Yr atyniad i mi efo John ac Alun ydi eu cerddoriaeth a'u lleisiau. Dwi'n hoffi canu gwlad beth bynnag, ond maen nhw'n sbesial am eu bod nhw'n hogiau cyfeillgar, efo hiwmor da. Dwi'n gwerthfawrogi'r gwasanaeth maen nhw wedi ei roi dros y 25 mlynedd diwethaf.

Dwi'n cofio'r diweddar Brynmor yn cyflwyno geiriau 'Chwarelwr', ei gyfieithiad o 'Working Man', i John ac Alun mewn cabaret Cymraeg yn 1991, yma yng Nghroesoswallt yn y dyddiau cynnar. Fe fu profiad anffodus un tro pan darodd John wal fechan i lawr efo'r fan, wrth fagio'n ôl i gefn gwesty'r Wynnstay yng Nghroesoswallt!

Byddaf yn teithio'n weddol bell i'w gweld nhw. Bûm i ffwrdd gyda nhw i Ardal y Llynnoedd am benwythnos un tro, y tro cyntaf iddynt drefnu'r math yna o daith. Ar y nos Sadwrn wele chwech ohonom yn gwthio mewn i dacsi ac Alun yn dweud 'Dewch i mewn bawb' a ffwrdd â ni i dafarn yn Workington. Dyma'r Cymry yn dechrau canu wrth gwrs, fel ydan ni, ond roedd y tafarnwr yn meddwl ein bod yn efengylwyr neu rhywbeth, ac roedd o'n bygwth ein troi ni allan o'r lle. Ond roedd o'n iawn yn y diwedd. Yna, yn ôl i'r gwesty ac Alun yn cambihafio ac yn mynd tu ôl i'r bar lle nad oedd i fod!

Fy hoff gân ydi 'Gafael yn Fy Llaw'. Mae'r geiriau'n rhoi nerth a thawelwch meddwl ar adegau o brofedigaeth teuluol. Mae llais John yn arbennig yn y gân yma. Diolch am bopeth!

Y FFANS

☆ SIONED ANN OWEN, 22 ☆
Trefor, Gwynedd

Mi wnaeth John ac Alun ganu yng ngh'nebrwng fy mam, Carys, a dwi'n ddiolchgar iawn iddyn nhw am hynny. 'Gafael yn Fy Llaw' wnaethon nhw ganu. Trwy Mam a Dad dwi wedi bod yn eu dilyn nhw ers pan oedd oeddwn i'n bedair neu bump oed mae'n siŵr, a dwi'n 22 rŵan. Mi oeddan ni'n mynd i'w gweld yn fyw yn aml – bob man – ond dim cymaint erbyn hyn oherwydd gwaith a ballu. Yr unig le fethon ni â mynd i'w gweld nhw oedd pan aethon nhw drosodd i America.

Dwi jest yn lecio'u miwsig nhw, a'r ffaith eu bod nhw'n ddau foi mor gyfeillgar. Dwi'n gwrando ar eu rhaglen radio nhw bob cyfle gai, os nad ydw i'n gweithio. Mae John ac Alun yn grêt!

☆ MAY WELLS ☆
Ynys, Talsarnau

Dwi'n dilyn John ac Alun ers blynyddoedd, a dwn i ddim be faswn i'n ei wneud hebddyn nhw. Mi gollais i fy ngŵr ddwy flynedd yn ôl, a ninnau wedi priodi ers 64 o flynyddoedd. Mae John ac Alun yn gwmpeini mawr i mi, ac yn codi fy nghalon i ar eu rhaglen bob wythnos. Maen nhw'n halen y ddaear, yn werth y byd. Mi fydd llawer yn dweud wrthai, 'O, 'dan ni wedi'ch clywed chi ar John ac Alun.' Ac mi fydda innau'n deud: 'Dach chi'n gwrando arnyn nhw?'

'Ydan,'

'O dyna chi, dach chi'n iawn, felly!'

Dwi'n 85 oed, ac mi fydda i'n tynnu eu coesau nhw ar y rhaglen radio reit aml! Dwi wedi gyrru sanau thermal i John un tro am ei fod o'n cwyno fod ei draed o'n oer.

Fy hoff gân ydi 'Yr Ynys', am fy mod yn byw yn Ynys, Talsarnau.

HOGYN O'R WLAD

PENNOD 3

☆ ALUN ☆

Er mwyn rhoi pob dim yn ei gyd-destun, mae'n siŵr fod yn rhaid i ni fynd yn ôl i'r dechrau - a falla fod rhai ohonoch yn gwybod yn barod neu wedi'i ddarllen yn barod - ond mi ges i fy ngeni ym Mangor ar 24 Mawrth 1954, a Tŷ Coch, Tudweiliog sydd dros ffordd fwy neu lai i lle mae John yn byw heddiw, oedd ein cartref ni. Cinder Avenue maen nhw'n galw'r lôn fach sy'n arwain heibio'r tŷ yn lleol. Lôn bridd ydi hi, a bob bore mi fyddai pawb yn mynd â lludw a sindars o'u tân glo i lenwi tyllau yn y lôn! Rhoslan ydi enw'r rhan yna o D'weiliog.

Dwi'n cofio'n iawn, yn Tŷ Coch, mi oedd gynnon ni gwpwrdd yn y gegin, ac ar ben hwnnw mi oedd 'na hen radio. Un fawr efo deial mawr crwn yn y canol, a falfiau. Weithiau, pan o'n i ar fy mhen fy hun mi fyddwn i'n sefyll ar silff y cwpwrdd, a sbio ar y deial a rhyfeddu wrth weld London, Paris, Rome a llefydd felly ... a rhyw le o'r enw Hilversum. Ac mi fyddwn i'n meddwl Hilversum? 'Lle ddiawl ma Hilversum?' Ond nid y lle oedd yn bwysig, ond y ffaith mai yn ymyl fan'no ar y deial yr oedd Radio Caroline, ac mi fyddwn i'n tiwnio i mewn i'r orsaf honno'n rheolaidd i glywed y caneuon diweddaraf.

Doedd gynnon ni ddim teledu pan oeddwn i'n fach. Yn 1966 gawson ni un o'r rheiny, ar gyfer Cwpan y Byd yn Lloegr, felly ar Radio Caroline y clywais y gân – yr un sy'n newid bywyd rhywun. Yn fy achos i 'Little Red Rooster' gan y Rolling Stones oedd y gân honno. Mae 'na rwbath am y *slide* gitâr a llais Mick Jagger ar honna. Mae hi'n weddol amrwd, ond eto mi oedd hi'n gerddorol. Ac am y rheswm syml i Mam ddod i mewn a deud: 'Be ar y ddaear ydi peth fela?' mi oedd hynny'n ei gwneud hi'n gan gwaith gwell, yn doedd? Felly wna i byth anghofio Hilversum, er nad oes gen i gliw hyd heddiw lle ddiawl mae'r lle.

Yn amlwg, mi gafodd Jagger a Richards ddylwanad arna i, achos hyd heddiw dwi wrth fy modd efo'r Stones. Mi fasa'n beth hollol hurt i mi gymharu'r ddau yna efo John ac Alun, ond mae 'na ryw debygrwydd bach yn y berthynas – gitarydd a chanwr, a'r ddau'n dod at ei gilydd i gyfansoddi.

Fel mae o'n deud yn ei hunangofiant, dwy ar bymtheg oed oedd Keith Richards pan gafodd y Stones eu *hit* gyntaf. Roedd o'n ddwy ar bymtheg oed heb geiniog yn ei boced ar ddydd Mawrth. Y diwrnod wedyn, ar ôl rhyddhau'r sengl gyntaf, roedd o'n dal yn ddwy ar bymtheg oed ac yn dal heb geiniog yn ei boced, ond rŵan roedd 'na lwythi o genod yn rhedeg i lawr y stryd ar ei ôl o! Ac fel dudodd o: 'Be ddiawl dwi i fod i'w wneud?' Doedd 'na neb wedi ei rybuddio fo mai dyma fyddai'r goblygiadau. Ac ar lefel hollol, hollol wahanol mi oedd 'na gyfnod pan oedd John ac Alun yn neb. Hogia o D'weiliog oedd John ac Alun, wedyn munud nesa roeddach chi'n cerdded yn Gaernarfon neu rywle, ac yn clywed 'Hei, sbiwch, John ac Alun yn fan'na ...'

Dwi wedi bod yn berson gweddol gyhoeddus oherwydd fy swydd, ac weithiau mi oedd hi'n anodd os oeddach chi'n gweld rhywun ar y stryd a hwnnw'n deud, 'Sumai Alun.' Doeddwn i ddim yn gwybod weithiau p'un ai i ddeud 'Duw, sumai,' yn ôl, ta deud 'O helô, sut ydach chi?' Yr orau o ran hynny oedd cerdded i lawr stryd ym Mangor, a rhywun yn deud 'Sumai,' ac wedyn ar ôl i chi basio, yn ychwanegu: 'Hei, welist ti hwnna? Y boi John ac Alun 'na di hwnna, sti!' Y boi John ac Alun 'na? Mae 'na ddau ohonan ni, os dwi'n cofio'n iawn!

Mi glywch chi rhai yn deud: 'Sumai Alun, ti'n o lew? A sut mae o?' ac mi fydda innau sbio'n wirion ella ac yn gofyn: 'Pwy?' 'Wel John, 'de!' Fel tasan ni'n byw efo'n gilydd!

Mi fydda i'n tynnu coes pobol ynglŷn â'r peth weithiau hefyd. Dwi wedi deud ar y radio cyn heddiw, 'Hei gwranda Jôs, mae'n rhaid i ni sortio hyn allan rŵan. Pa ochr wyt ti'n cysgu, ochr dde 'ta ochr chwith, achos dwi isio noson o gwsg!' Yr wythnos ganlynol mi oedd pobol wedi coelio, ac yn deud pethau fel, 'Wyddwn i ddim eich bod chi'n byw efo'ch gilydd ...' Fel Morecambe and Wise, yn eistedd yn y gwely dwbwl hwnnw!

Ond fel pob *double act* anaml iawn y byddan ni'n cymdeithasu efo'n gilydd, ar wahân i pan dan ni allan yn canu. Hynny ydi, mi ydan ni'n fêts mawr, a tasa rywbath yn digwydd mi fasan ni yno i helpu'n gilydd, ond fyddan ni byth yn ffonio a gofyn, 'Ti ffansi peint?' Ond os ydan ni'n digwydd taro ar ein gilydd yn y Lion neu rywle mae hi'n, 'Duw sumai Jôs, sumai'n mynd?' Jôs fydda i'n ei alw fo, neu JT. A Robaits mae o'n fy ngalw inna fel arfer, neu Post, am fy mod wedi bod yn byw yn y Post yn y pentref.

Digwydd bod, Alun Post ydi fy enw Equity fi, ond Robert Alun Roberts ydi fy enw llawn i. Richard Gwynfor Roberts ydi enw fy mrawd, ac am ryw reswm, Gwynfor mae pawb yn ei alw fo, nid Richard. Tra dwi wrthi, waeth i mi gyflwyno chi i weddill y teulu: Jill ydi enw'r wraig, ac mae gynnon ni dri mab: Gareth, Bryn a Gwyn. Mae Jill a finna'n nain a taid: mae gan Gareth a'i wraig fab o'r enw Gethin, ac mae gen i ddwy wyres arall hefyd, Grace Ann ac Olivia May – plant Gwyn a Natalie. Robert Owen Roberts oedd enw Dad, neu Robin fel yr oedd pawb yn ei alw, a Judith ydi enw Mam, neu Judith Mary i roi ei henw llawn hi!

Ond i fynd yn ôl at y 'Little Red Rooster'. Mi oedd 'na gân arall wnaeth argraff fawr arna i ar y pryd – un gan Hogia'r Wyddfa oedd hi ac roedd hi'n cael ei chwarae'n aml ar y Dansette acw, efo'r geiriau, 'Disgynnodd hedyn bach o ddwylo'r garddwr mawr ...' Y lleisia a'r harmoni wnaeth yr argraff. Ac am wn i mai honna oedd y gân Gymraeg gyntaf i mi fod yn ymwybodol ohoni.

Dwi wedi cael ar ddeall mai cerdd goffa gan Goronwy Prys Jones i Olwen Hughes, merch 21 oed o Sir Fôn a fu farw o'r diciâu, ydi hi. 'Olwen' ydi enw'r gân, ac mae'r alaw gan ein hen ffrind Arwel Jones, Hogia'r Wyddfa. Mae'n debyg i Arwel enwi ei ferch Olwen, sy'n gyfarwyddwraig efo Cwmni Da ar *Noson Lawen* S4C, ar ôl yr Olwen yma.

Felly, ar un llaw mae gynnoch chi'r Rolling Stones amrwd, a'r syniad o rebelio ac yn y blaen, ac ar y llaw arall mae gynnoch chi'r gân ddwys 'ma, sy'n sôn am golled a ballu, a'r harmonïau taclus, ac mae 'na dipyn o gyferbyniad rhyngddyn nhw, ond roedd y ddwy yn ddylanwad arna i.

Dwi ddim yn f'ystyried fy hun yn ganwr o bell ffordd. Ond bob blwyddyn mi oedd gynnoch chi Steddfod Bach yn D'weiliog 'ma, ac mi oedd honno'n bwydo steddfod dosbarth yn Aberdaron. Capeli oedd yn rhedeg y rhain. Mi wnaeth Mam a Nhad dalu am wersi piano i mi, ond fel y rhan fwyaf sydd wedi rhoi'r gorau iddi, dwi'n difaru f'enaid heddiw na wnes i gario mlaen! Dwi wir yn difaru hynny. Mi wnes i'r arholiadau hyd at Gradd 4, a dwi'n cofio rhai pethau. Ond un peth ydi mynd o'r nodyn hwnnw ar y papur i chwarae efo un bys neu un llaw ar y piano,

mater arall ydi gofyn i mi chwarae efo dwy law. Does gen i ddim syniad erbyn heddiw! Un Pasg, adeg Steddfod Bach, mi wnes i drio ar yr unawd piano, a dwi'n cofio yng nghanol y perfformiad, y beirniad yn codi a deud:

'Ga i stopio chi yn fan'na? Dydach chi'm yn sbio i fyny o gwbl, dim ond ar eich dwylo. Wnewch chi ddechrau eto plîs gan gychwyn yn y pumed bar a'r tro 'ma yn sbio ar y copi?' Mmm, ia, mi wnes i fethu â chychwyn ar y pumed bar, be oeddwn i wedi'i wneud oedd dysgu'r darn o fy nghlust, a doeddwn i ddim yn gallu dilyn y copi'n iawn.

Mae rhywun yn mynd i ryw westy neu'i gilydd, ac mae rhywun wastad yn codi a mynd at y piano i chwarae rwbath ac mi fydda innau'n genfigennus ac yn meddwl 'Ew, piti na faswn i wedi cario mlaen!'

ALUN YN GWENU'N DDEL

Ond drwy fy oes fwy neu lai, os ydi rhywun yn deud wrtha i i ddysgu rwbath, mae'r golau coch yn dod ymlaen yn fy mhen i. Yn yr ysgol mi fyddwn i'n gwneud unrhyw beth ond gweithio! Rhoi min ar bensal, chwilio am lyfr, unrhyw beth blaw gwneud be oeddwn i i fod i'w wncud.

Mi oedd Angharad, gwraig John, yn cystadlu yn f'erbyn i, a sawl un arall yn cynnwys John ei hun, ond doeddwn i ddim yn ei nabod o yr adeg honno. Bryd hynny, mi oeddwn i'n byw yn Rhoslan ac mi oedd o'n byw yn y pentref. Mae hi fel arall rownd rŵan!

Mae Tudweiliog yn wasgaredig, ac er bod Rhoslan yn rhan o'r pentref, doedd o ddim yn teimlo felly pan oeddan ni'n ifanc. Roedd 'na filltir dda rhwng y ddau le, ac felly doedd 'na ddim llawer o gymysgu; hefyd roedd blwyddyn yn amser maith 'radeg honno, a doeddach chi ddim yn siarad efo rhai iau na chi! Mi oeddwn i'n ymwybodol o John, oeddwn, ond nid yn ei nabod o. Mi adewais i'r pentref yn un ar bymtheg oed, i fynd i Lundain (mwy am hynny yn y man!), felly doeddwn i ddim yno yn fy arddegau hwyr – sy'n gyfnod tyngedfennol o ran gwneud ffrindiau.

Mi oedd gas gen i'r ysgol, yn bennaf oherwydd y disgwyliadau mawr 'ma oedd arna i, a dwi ddim yn difaru am eiliad i mi adael pan wnes i.

Bryd hynny, yn Ysgol Botwnnog, roeddach chi'n mynd i un o dair ffrwd – A, B, C. Plant dosbarth A oedd yn mynd ymlaen mewn bywyd; B, wel, doedd 'na ddim sicrwydd be fasa'r rhain yn ei wneud, a C – 'O, sgin rhain ddim gobaith siŵr iawn ...' Fel 'na oedd hi. Dim ond dau o bob ysgol gynradd oedd yn cael mynd i ffrwd A. I ffrwd B es i ar y dechrau, ond mi es i fyny i A wedyn ar ôl tymor. Sbio'n ôl, mi oedd o'n rêl stwnsh! Dysgu Saesneg drwy gyfrwng y Gymraeg, efo'r annwyl Gruffudd Parry? Mae'n swnio'n beth od i'w wneud, ac mi oedd o i mi. Hughes

49

Maths wedyn ... Defnyddiwch eich dychymyg i greu darlun o athro mathemateg yn y 1960au ... dyn bychan, awdurdodol, yn gwisgo clogyn du, sbectol a mwstash bach, awdurdodol ta be? Ia, dyna fo ... Hughes Maths. Creadur!

Hawdd iawn ydi sbio'n ôl a beirniadu, ond drwy'r ysgol mi oeddwn i'n teimlo bod y rhan fwyaf ohonan ni'n cael ein sathru – doedd 'na ddim ysgogi, 'Ia, da iawn, tria fo, dos amdani ...' math o beth. Sbiwch chi ar Ben Llŷn heddiw: asgwrn cefn economi'r ardal ydi hogia ffrwd B ac C. Dydi hogia ffrwd A ddim yn byw yma, maen nhw wedi cael gyrfa i ffwrdd yn rhywle, ac wedi defnyddio'r amser gawson nhw yn yr ysgol i gael swyddi proffesiynol a chyflogau uchel, ond dydi'r pres hwnnw ddim yn Ben Llŷn, nac ydi? Maen nhw'n gwario eu pres yn Llundain neu ble bynnag.

Ta waeth, mi ddois i drwyddi. Un ar ddeg Lefel O wnes i drio, a dwi'n cofio cerdded ar hyd y clogwyni wrth lan môr ddechrau mis Awst, cyn cael y canlyniadau, a meddwl: 'Duw, fasa'n haws i mi neidio dw'ch?' Ddim mod i o ddifri yn meddwl gwneud, ond mi oeddwn i *yn* meddwl be fasa'n digwydd taswn i ddim wedi pasio fy arholiadau! 'Be fydd pobol yn feddwl?' Yr hen ddisgwyliadau 'ma eto. Ond ta waeth, mi wnes i basio'r un ar ddeg, dim eu bod nhw'n raddau gwych, cofiwch, ond mi basiais, a rywsut neu'i gilydd, mi wnes i benderfynu'n syth bìn nad oeddwn i'n mynd yn ôl i'r ysgol. Roedd y disgwyliadau a'r pwysau yn ormod. 'Mi fedra i fyw heb hynna,' medda fi wrtha fi'n hun. Heblaw am hynny, mi oeddwn i wrth fy modd yn gweithio efo fy nwylo – dwi'n dal i fod – wrth fy modd yn trin coed, a chlywed ogla coed, a throi rwbath sy'n ddim byd ar y cychwyn yn bowlen neu'n lamp neu rwbath felly. Felly roeddwn i isio dechrau gweithio, doeddwn, nid mynd yn ôl i'r ysgol?

Alun Roberts: dipyn bach o bob dim i bob peth ydw i! Mi wna i dipyn bach o bob dim – dwi wedi gosod dwy neu dair cegin, dwi wedi gwneud lle tân allan o dderw, mi wna i deilsio, mymryn o blymio, mi wna i ro'm bach o bob dim.

Mi oedd meddwl mynd yn ôl i'r ysgol i wneud Lefel A yn pwyso arna i. Mi ddudodd Mam yn ddiweddar 'ma na welodd hi rioed rywun mor ddigalon â fi yr adeg honno. Ro'n i'n cerdded o gwmpas y lle efo fy mhen i lawr, yn llusgo fy mag efo fi. Ond mi wnes i fargen efo Mam a Nhad. Os fasan nhw'n caniatáu i mi adael yr ysgol, mi faswn innau'n addo parhau efo fy addysg mewn rhyw ffordd neu'i gilydd. Doeddwn i ddim isio gwneud Lefel A a mynd i Brifysgol – doedd o ddim i mi!

Mi oedd gen i ddiddordeb mewn gwyddoniaeth erioed – dwn i ddim oedd o'n ddiddordeb gwyddonol ta rwbath mwy sinistr, ond mi oeddwn i wrth fy modd yn dal pysgodyn neu lyffant neu rwbath felly, a'i agor o i fyny i astudio'i du mewn o. Wir! Mae'n swnio'n beth od i'w wneud, dwi'n gwybod, ond chwilfrydedd a diddordeb oedd o a dim byd arall.

Mae gywilydd gen i ddeud, ond mi oedd casglu wyau adar yn boblogaidd bryd hynny hefyd. Mi oeddan ni'n byw yn Tudweiliog – roedd bywyd gwyllt o'n cwmpas ni ym mhob man, ac mi oeddan ni'n byw a bod yn lan môr. Yr adeg honno roeddach chi'n cael mynd ar eich pen eich hun, docdd 'na ddim cwcstiwn am hynny, fel sydd heddiw. Mi oeddach chi'n gallu cael fflotsam – broc môr. Pob math o bethau difyr yn dod i'r lan. Un peth dwi'n ei gofio'n glir ydi bocs hir wedi'i selio, oedd yn llawn o gracyrs, wedi dod o fad achub rhyw long wedi bod mewn storm neu beth bynnag! *Canisters* hen *shells*, a phâr o gogyls ges i ryw dro hefyd, ond dim ond plastig gewch chi ar lan môr heddiw fwy na heb.

Mi oeddwn i wedi penderfynu y baswn i'n lecio gweithio ym myd gwyddoniaeth ac anifeiliaid os oedd hynny'n bosib, a bryd hynny mi oedd 'na gyfleon ym mhob man. Mi wnaeth Hugh Thomas, athro gyrfaoedd Ysgol Botwnnog, helpu'n arw, a'r canlyniad oedd i mi gael cynnig swyddi fel technegydd labordy gan Beecham's yn Port Sunlight, Lerpwl, y Tropical Products Institute (TPI) yn Llundain a rhywle arall ym Manceinon. Am ryw reswm, mi benderfynais mai Llundain oedd y lle. Mi oeddwn i'n rhesymu ar y pryd ei fod o lawn mor agos â'r lleill ar y trên, roedd 'na gymdeithas Gymraeg gref yno ar y pryd, ac ar ben hynny roedd y TPI yn Gray's Inn Road, lle mae Clwb Cymry Llundain, sy'n dal yno heddiw, wrth gwrs. Roedd gen i well cyfle i fod ymysg Cymry yn Llundain, neu felly roeddwn i'n meddwl.

☆ Y 60AU YN LLUNDAIN ☆

Mi oedd diwedd yr 1960au yn amser cyffrous ofnadwy i fod yn Llundain, bobol bach! Mi fydda i'n meddwl yn aml beth pe bai un o fy hogia i wedi gofyn am gael mynd i Lundain, fel y gwnes i. Dwi ddim yn meddwl y baswn i byth yn gadael iddyn nhw fynd heddiw, mae'r oes wedi newid gymaint, a Llundain hefyd.

Dim ots ydw i'n grediniwr ai peidio, dwi'n teimlo bod 'na rywun wedi bod yn edrych ar fy ôl i, achos mae 'na ddrysau wedi bod yn agored i mi, ond wnes i ddim mynd drwyddyn nhw. Taswn i wedi gwneud, hwyrach y basa fy stori'n hollol wahanol. Ella na faswn i yma i'w hadrodd hi, hyd yn oed. Dwi'n sôn am gyffuriau, gamblo, a phob math o bethau felly, ond mi ddof yn ôl at y rheiny yn y man.

Mi oedd 'na deulu o du allan i Lundain yn dod i Dudweiliog i gampio ar dir Yncl ac Anti i mi ers blynyddoedd, teulu o'r enw Robinson, ac mi ges i fynd atyn nhw am ryw chwe wythnos nes oeddwn i wedi cael fy nhraed danaf. Wedyn mi fues i'n lojio efo Cymry, ac mi oedd y gŵr yn gweithio yn y lle didoli'r post yn Mount Pleasant – yr un mwyaf ym Mhrydain. Ond er eu bod nhw'n siarad Cymraeg, ac er eu bod nhw'n bobol glên, mi oeddwn i'n uffernol o unig yno ar y dechrau. Uffernol!

Mi oedd yr hen gitâr efo fi, a weiarles Roberts Radio, a sawl gwaith mi wnes i feddwl hel fy mhac am adra. Ond, mi oedd 'na rwbath wastad yn deud wrtha i, 'Wo, dal arni am funud bach rŵan ... Mae dy rieni'n ymddiried ynot ti i wneud rwbath ohoni, ac os roi di'r gorau iddi rŵan, cachgi wyt ti.'

Dwi'n cofio'n iawn, clywed 'Amazing Grace', Joni Mitchell, ar y radio, a thrio'i chwarae hi ar y gitâr a beichio crio. Doedd dim ots fy mod i efo teulu Cymraeg, oedd yn siarad Cymraeg hefyd, mi oeddwn i ar fy mhen fy fy hun.

Mi ddigwyddodd rhywbeth annifyr iawn i mi yn ystod y cyfnod yma, a dwi erioed wedi sôn am hyn o'r blaen.

Mi oeddwn i'n mynd i fy ngwaith ar y Tiwb. Bounds Green oedd y stesion agosaf, ac mi oeddwn i'n mynd i Holborn, reit yn ganol Llundain i fynd i'r TPI. Un noson ar y ffordd yn ôl, mi oeddwn i'n sefyll ar y trên a honno'n orlawn, a'r peth nesa deimlish i oedd rhywun yn gafael yn fy ngheillia i. Arglwy', mi wnes i banicio. Doedd 'na ddim byd fedrwn i ei wneud, mi oeddwn i'n hollol sownd rhwng pobol eraill, ac mi oeddwn i'n gweld y boi oedd wedi gwneud, a rhyw hen wên fach slei ar ei wyneb o. Doeddwn i rioed wedi dod ar draws peth fel hyn o'r blaen, a doeddwn i ddim yn gwybod be i'w wneud. Felly, yn y stesion nesaf ... off â fi o'r trên a rhedag, a rhedag a rhedag, nes oeddwn i'n laddar o chwys, ac yn teimlo'n uffernol.

Mi oedd y boi yma wedi ymosod arna i, yn ganol pobol eraill, ond bod neb yn gweld be wnaeth o, a finnau'n hollol ddiymadferth i'w rwystro fo a) am fy mod yn sownd rhwng cyrff pobol eraill, a b) am fy mod wedi dychryn cymaint nes do'n i ddim yn gwybod be i'w wneud!

Mi oedd o'n brofiad uffernol i hogyn 16 oed. Dim ond megis dechrau shefio oeddwn i, ac ar fy mhen fy hun mewn lle fel'na. Ond yn waeth na hynny, doeddwn i ddim yn gallu deud wrth y bobol roeddwn i'n lojio efo nhw, na fy rhieni. Gormod o gywilydd am wn i, a ddim isio iddyn nhw boeni amdana i, mae'n siŵr.

Profiad bywyd oedd o – un annymunol iawn – ond o hynny ymlaen mi oeddwn i'n gofalu nad oedd posib i'r fath beth ddigwydd eto. Mi wnes i beidio bod yn hogyn bach neis o'r wlad – mi oeddwn i wedi dysgu, ac mi o'n i'n fwy *streetwise*.

Roedd y weinos a'r alcis a'r drygis yn llawer mwy amlwg ar y strydoedd bryd hynny yn begio a ballu, a bc wncs i ddysgu'n sydyn iawn ocdd nad ocdd neb i'w weld yn poeni'r rhain. Doedd neb yn mynd ar gyfyl rhywun oedd wedi cael diod, wedyn y gamp oedd smalio mod i wedi meddwi, ac mi oeddwn i'n gallu ei wneud o'n reit llwyddiannus, a dwi'n ei wneud o am hwyl heddiw.

Stesion Euston oedd y lle gwaethaf. Mi oedd rhaid mynd drwy ryw barc i fynd i mewn i'r stesion, ac mi oedd fan'no'n lle annifyr, tywyll. Felly mi oedd hi'n fater o smalio bod yn chwil gaib, a ches i ddim trafferth.

Am wn i, mi fyswn i wedi rhoi'r gorau iddi, a dod adra oni bai am un peth. Mewn cyd-ddigwyddiad llwyr, o dan lle roeddwn i'n aros mi oedd 'na Rec – caeau chwarae – a bob pnawn Sadwrn mi oedd 'na lwyth o bobl yno'n chwarae pêl-droed. Mi oedd gen i ddiddordeb mawr yn y gêm honno ers dyddiau ysgol, a dyma fynd yno a dechrau holi a chael gemau anffurfiol. Cymryd penalti agorodd y drws i mi. Mi aeth y gôl-geidwad un ffordd ac mi aeth fy mhenalti i reit i'r gongl dop! Ro'n i wedi gwneud argraff ac mi ges i wahoddiad i ddod i ymarfer efo'r tîm 'ma. Trwy hynny, mi ehangodd pethau i mi, ac mi ges wahoddiad i fynd i chwarae badminton. Mwya sydyn roedd fy wythnos i wedi dechrau llenwi. Mi oeddwn i'n chwarae badminton, yn ymarfer pêl-droed, yn chwarae pêl-droed, ac yn cymdeithasu efo hogia'r tîm. Mi oedd fy mywyd i'n well yn syth, a doeddwn i ddim yn teimlo hanner mor unig.

DIOLCH AM GYFRANIAD UNIGRYW

HEFIN ELIS

Mae fy nghysylltiad i efo John ac Alun yn mynd 'nôl i ganol wythdegau'r ganrif ddiwethaf, ac o'r cyfnod hwnnw tan heddiw, cefais y fraint o gydweithio efo nhw ar ddwsinau o raglenni teledu, mewn stiwdio ac ar leoliad, ac ar nifer o gryno ddisgiau yn Stiwdio Sain. Yn ddiethriaid byddem yn cael llawer o hwyl wrth geisio darparu fersiynau sain a llun o'u perfformiadau gwych i'r genedl.

Tasg bron yn amhosib yw dewis un digwyddiad sy'n sefyll ben ac ysgwydd uwchben y lleill yn y cof – coffa da am y nosweithiau morio canu yng ngwesty'r Copthorne, Croes Cwrlwys, Caerdydd, ar ôl bod yn recordio rhaglen yn y stiwdio gyfagos, neu am yr anghenfil o gi a laniodd yn fy nghôl wrth recordio fideo 'Anita' mewn tŷ ym Mhentir, ond mae'n debyg mai'r daith i Tennessee yn yr Unol Daleithiau ddiwedd y nawdegau sydd â'r drysorfa fwyaf cyfoethog o atgofion. Ffilmio'r hogia yn canu ar lwyfan y *Grand Ole' Opry*, y nosweithiau difyr ym mariau 'Downtown' Nashville, ymweld â mannau pwysig ym mywyd Elvis Presley; y tŷ lle'i ganwyd yn Tupelo, Sun Studio lle recordiodd nifer o'i ganeuon cynnar fel 'Love Me Tender', a'i drigfan olaf yn Graceland ger Memphis.

Ac ar y lawnt y tu allan i'r plasty hwnnw, mae'n debyg, mae'r atgof sy'n sefyll amlycaf yn y cof. Roeddem wedi cael trafferthion ofnadwy cael caniatâd i ffilmio ar dir Graceland; ychydig iawn o gwmnïau neu unigolion sydd erioed wedi cael yr hawl, ond fe lwyddodd ein Rheolwr Cynhyrchu dygn, Sioned Mair Roberts, rywsut i droi braich yr awdurdodau, trwy dwyll neu deg, i ni gael dau funud ar y lawnt, rhwng ymweliadau'r bysus sy'n gollwng ymwelwyr ger drws ffrynt y plasty. Gosodwyd y camera a'r meicroffon yn barod, diflannodd y bws a rhoddwyd 'ciw' i John ddechrau siarad â'r camera. Doedd John ddim yno. Wrth gael trawiad yn chwilio amdano, sylwais fod John wedi cael ei hebrwng gan gyflwynydd enwog o

Radio Cymru i recordio sgwrs ger rhyw lwyn cyfagos. Rhuthrais draw at y ddau yn bytheirio ymadroddion dethol a halio John yn ôl at y camera a recordio'r brawddegau cwbl allweddol i lwyddiant ein rhaglen, a hynny eiliadau cyn i'r swyddogion ddod â'r recordiad i ben. Gallaf chwerthin yn braf am ben yr hanes heddiw ond dwi'n sicr i'r digwyddiad hwnnw dynnu rhyw ddegawd oddi ar fy mywyd.

Diolch yn fawr i'r ddau am flynyddoedd o hwyl wrth gydweithio, a diolch iddyn nhw am eu cyfraniad cwbl unigryw i'r byd adloniant yng Nghymru.

☆ MAIR OWEN ☆
Amlwch

Mae gwrandawyr rhaglen *John ac Alun*, ac unrhyw un sy'n mynychu nosweithiau adloniant o unrhyw fath ym Môn, yn siwr o fod yn adnabod yr enw Mair Amlwch. Mae Mair wedi bod yn trefnu nosweithiau at achosion da ers blynyddoedd lawer, ac er ei bod yn 70 erbyn hyn, mae hi'n dal wrthi mor ddygn ag erioed. Mae hi'n dilyn John ac Alun ers y dyddiau cynnar, pan ryddhawyd eu casét cyntaf *Yr Wylan Wen*.

Dwi'n cofio fy niweddar ŵr, Dafydd, yn dweud un diwrnod, 'Mair, dwi wedi clywed y ddeuawd 'ma o Ben Llŷn, a dwi wedi gwirioni efo nhw. Mae'n rhaid i ni fynd i'w gweld nhw pan fyddan nhw'n canu yn y cyffiniau.' Ac mi aethon ni i'w gweld nhw lawer gwaith.

Mi fues i'n mynd efo ffrindiau – yn enwedig Mair Rhos-goch (i wahaniaethu rhwng y ddwy ohonan ni) – ar ôl i mi golli fy ngŵr. Roeddan ni'n mynd mor bell â Chorwen a llefydd felly i'w gweld nhw.

Dwi wedi trefnu nifer fawr o nosweithiau John ac Alun, ac artistiaid eraill fel Wil Tân, Dylan a Neil a Iona ac Andy. Mae gan ganu gwlad – a John ac Alun – le arbennig yn fy nghalon i. Mi fydda i'n ffonio eu rhaglen nhw yn rheolaidd. Maen nhw'n wych, ac yn hogia clên, er eu bod nhw'n tynnu fy nghoes i'n arw, cofiwch!

☆ DAI AC ELFAIR JONES ☆
Mynachlog-ddu

Mae Dai a finne wrth ein boddau efo John ac Alun, ac wedi bod yn eu dilyn ers blynydde – ers iddyn nhw ddechrau arni, siŵr o fod. Dwi'n hoff iawn o lais John – mae e'n soniarus dwi'n meddwl, ac mae'r ddau yn asio'n dda gyda'i gilydd. Ond mae'r math o ganeuon yn apelio hefyd. Ry'n ni'n hoffi canu gwlad p'run bynnag. Yr hyn dwi'n hoffi ydi y cewch chi gân fywiog un munud, a chân araf wedyn, ac ry'ch chi'n gallu dawnsio i'r ddwy. Mae Dai yn hoff iawn o dynnu lluniau, ac mae ganddo fe lawer o rai o John ac Alun! Ry'n ni wedi trafeili llawer i'w gweld nhw'n perfformio – Caerfyrddin, Aberystwyth, ac yn fwy lleol wrth gwrs, ond ry'n ni wedi bod lan i Sir Fôn, i Cartio Môn unwaith, ac i'r Bedol yn Bethel a Theatr Twm o'r Nant, Dinbych hefyd i'w gweld nhw. Maen nhw'n wych, ac yn codi calon rhywun.

☆ NETTA HUGHES ☆
Llannor

Dwi'n dilyn John ac Alun ers y cychwyn cyntaf, pan ddechreuon nhw ganu ac ymhell cyn iddyn nhw ddod yn enwog. Roedd tair ohonan ni – fi, Ceinwen a Linda – yn mynd i'w gweld nhw ym mhob man yn yr ardal ers talwm. Mae Ceinwen druan wedi marw erbyn hyn, a fydd Linda a fi ddim yn mynd hanner mor aml ag y buon ni. Mae fy ffrindiau Glenys, Gwyneth Ann a Sian Bach yn dod hefo fi weithiau.

Roedd 'na adeg pan oeddan ni'n mynd i'r Bala a Trawsfynydd a llefydd felly

i'w gweld nhw. Dwi'n cofio unwaith, yn y Marine yng Nghricieth, roedd 'na lond bws o'r de wedi dod i fyny, a hwythau'n deud, 'Ni bia John ac Alun' – a ninnau'n dod o Ben Llŷn! 'Naci wir' meddan ninnau, 'Ni bia John ac Alun!' Hwyl oedd o, wrth gwrs. Ond dwi jest yn lecio'r hogia – maen nhw'n annwyl iawn – ac mae eu miwsig nhw'n grêt! Gobeithio y gwnawn nhw gario mlaen am hir eto.

MUSWELL HILL, BOD YN HIPI A NEWID BYD

PENNOD 4

☆ MWY O ATGOFION ALUN AM LLUNDAIN ☆

Un nos Sul yn y capel mi glywodd Mam am yr hostel 'ma yn Muswell Hill, oedd ddim yn bell iawn o lle roeddwn i'n lojio. Mi oeddwn i'n ymwybodol o'r lle. Chester House Hostel oedd ei henw, ac roedd hi'n cael ei rhedeg gan yr Eglwys Fethodistaidd ar gyfer pobl ifanc oedd yn dod i Lundain am y tro cyntaf, i goleg neu i weithio neu beth bynnag. Roedd rhaid i chi fod o gefndir capel, roedd rhaid i chi fod yn byw o leiaf 100 milltir tu allan i Lundain, a doeddach chi ddim yn cael aros yno am fwy na thair blynedd.

Sbio'n ôl, mi oeddan nhw'n yfflon o drefniadau da. Llawr gwaelod – hogia; llawr canol – genod; llawr ucha – hogia. Mi oeddach chi'n gallu gwneud jobsys i gael eich rhent i lawr – gofalu am y dderbynfa am awran gyda'r nos, golchi llestri, glanhau ac ati. Ar ôl 18 mis, roeddach chi'n cael symud i fýngalo oedd yn y gerddi, tu ôl i'r adeilad, er mwyn eich paratoi chi ar gyfer symud oddi yno. Roeddech chi'n dal i gael dod i mewn i'r hostel i fwyta a ballu, ac mi oedd 'na le golchi dillad, stafell snwcer, tîm pêl-droed, cyrtiau tenis, ac wrth gwrs genod! Ar eich stepan drws!

Mi oeddwn i rêl hipi ar y pryd – côt Afghan a *loon pants* – wedi'u prynu nhw yn Melody Maker, ac yn meddwl mod i rêl boi!

Yn y cyfnod hwnnw mi oeddan ni'n mynd i'r Rainbow Theatre i weld grwpiau'n chwarae. Mi oedd gynnon ni giang rŵan, pedwar ohonan ni, a be fyddan ni'n wneud oedd mynd i lawr i'r Rainbow, ond peidio prynu tocyn. Roedd rhywun wedi deud wrthon ni beidio gwneud hynny, a jest hongian o gwmpas tu allan. Wedyn, hanner awr cyn i'r sioe ddechrau, roeddan nhw'n gadael pobl i mewn am 50c. Y rheswm

PROCOL HARUM

oedd bod y theatr isio dangos i'r band bod y lle'n orlawn, neu fel arall fasan nhw ddim isio dod yn ôl.

Mi welais i lwythi o grwpiau da – y Rolling Stones, Free, Deep Purple, ELP, Procol Harum, Status Quo, Nazareth, Humble Pie. Nefoedd lon, wna i byth anghofio Steve Marriott o'r grŵp hwnnw. Pwtyn bach efo'i Gibson SG oedd yn edrych yn fwy na fo, ond y pŵer a'r egni oedd yn dod allan pan oedd o'n ei hitio hi, a'i lais o! Anghofia i byth. Mi welish i dipyn o grwpiau o Gymru yno, fel grwpiau cefnogol – Man oedd un dwi'n cofio, a Rizla. Mi oedd Terry Williams, drymiwr Dire Straits am gyfnod, yn chwarae efo nhw. Mi welis i Procol Harum yn yr Albert Hall efo'r Royal Philharmonic hefyd. Noson wych!

Hefyd yn y Rainbow Theatre welson ni: 'Straight from America ... Joe's Lights!' Be oedd hwn oedd taflunydd yn creu patrymau *psychedelic* ar y wal neu ar sgrin. Wel, roedd Robaits rŵan isio gwybod sut oeddan nhw'n gweitho, doedd? Ro'n i'n gweithio mewn labordy, doeddwn? A dyna lle ro'n i'n meddwl: 'Duw be ydi hwnna ... sut mae hwnna'n gweithio ... ?' Un fel'na ydw i. Taflunydd poeth, dau bishyn o wydr, a chemegau – dyna'r cwbl oedd o. Be oeddach chi'n wneud oedd cymysgu inc lliw, olew ac *acetone*, sef cemegyn yn perthyn i betrol ac alcohol, a'u rhoi nhw rhwng y ddau wydr a'u rhoi nhw o flaen y taflunydd. Wrth i'r taflunydd boethi, roedd yr acetone yn berwi yn sydyn, sydyn, ac yn creu swigod dan y gwydr, wedyn roedd yr inc yn berwi ond doedd yr olew ddim. Wedyn, be oeddach chi'n gael oedd yr effaith *psychedelic* ar y sgrin. Mi wnes i Joe's Lights ar gyfer ein disgos ni yn yr hostel. Robaits Lights! Mi wnes i oleuadau hefyd i roi o flaen y llwyfan – *footlights* – allan o hen duniau mawr pys o'r gegin, efo teclynnau dal bylbiau wedi'u sgriwio i'w gwaelod nhw.

Mi oeddach chi'n cael gwneud unrhyw beth yn yr hostel, o fewn rheswm, ond roeddech chi'n gorfod gwneud un tro da yr wythnos. Fe allai fod yn yr hostel, ond fe allai fod tu allan.

Mi oeddan ni'n mynd am beint i'r dafarn 'ma lawr y lôn, ac un amser cinio dydd Sul dyma fi'n sylwi ar y plant 'ma'n rhedeg o gwmpas ac yn cambihafio ac yn y blaen. Dyma feddwl, 'Be mae'r rhain yn wneud yn fama?' Ac mi ffeindis i allan bod yr Ysgol Sul dros ffordd – rhyw hen gwt sinc oedd o – wedi cau, a doedd gan y plant nunlle i fynd.

Mi oeddwn i wedi gwneud ffrindiau hefo Steve o Gaerdydd, Alan Bogue o'r Alban – boi da iawn i gael ar eich ochr chi os oeddach chi'n un bach eiddil fel fi!

ALUN A JILL

Anferth o ddyn! Welish i fo'n cael peint o Guinness, a'i yfed o i lawr mewn un heb ddefnyddio'i ddwylo o gwbl. Be wnaeth o oedd ei godi fo efo'i ddannedd, a lawr â fo! Peidiwch â trio hynna adra!

Beth bynnag, ar ôl taro ar y plant 'ma ar y stryd, dyma ni'n meddwl am dro da fasan ni'n medru ei wneud. Gêm bêl-droed efo'r plant i ddechrau, wedyn mi wnaethon ni ailddechrau'r Ysgol Sul. Nid bod ni'n hogia crefyddol o bell ffordd, ond jest teimlo: 'Chwarae teg, mae'r plant 'ma isio rwbath i'w wneud,' ac am a wyddwn ni ella eu bod nhw wedi cael eu taflu allan o'r tŷ gan Mam a Dad. Mi oeddan ni'n defnyddio cerddoriaeth hefyd ar gyfer y trocon da 'ma. Cymryd un gair o gân parch ddudwn ni – a chofio hynny, er enghraifft mewn gêm bêl-droed: 'Paid â baglu rhywun, parcha fo, mae gynno fo fywyd hefyd.' Pethau bach syml fel'na oeddan nhw, ond maen nhw'n bethau sy'n gwneud argraff ac yn gadael eu hôl.

Mae'r hostel yn dal i fynd, dwi'n falch o ddweud.

Mi ges i fraw rai blynyddoedd wedyn pan glywish i yn y newyddion am y boi 'ma o'r enw Dennis Nilsen oedd wedi lladd 15 o ddynion ifanc. Be wnaeth fy nychryn i oedd mai yn Muswell Hill y lladdodd o rai ohonyn nhw – pum munud o waith cerdded o Chester House! Be sy'n waeth ydi fy mod i wedi cerdded heibio'r tŷ sawl gwaith, yn hwyr yn y nos! Mae'n rhoi ias i lawr fy nghefn i pan dwi'n meddwl am y peth.

Ar ôl symud o Chester House mi fues i'n byw yn Golders Green mewn tŷ Fictorianaidd mawr efo syrjeri doctor i lawr grisiau. Mi oedd 'na bedwar ohonan ni. Roedd un o Ogledd Iwerddon, o bentref tu allan i Belfast, a'r adeg honno – ar ddechrau'r 1970au – y dois i'n ymwybodol o'r trafferthion yno. Dyna pryd wnes i brofi *poteen* am y tro cyntaf hefyd! O fan'no fues i'n byw yn Ealing Broadway am sbel. Mi o'n i'n nabod Llundain yn dda iawn, ac yn dal i'w nabod o'n weddol er ei fod o wedi newid llawer ers hynny.

Dwi'n un reit dda am wneud ffrindiau, ac am dynnu sgwrs efo unrhyw un. Nid trwy gamu i mewn a deud 'Helô sumai, Alun ydw i, bla bla bla ...', ond fel arfer mae 'na rwbath bach yn digwydd, sy'n rhoi cyfle i chi gychwyn sgwrs.

Drwy gydol y cyfnod yma, yr hyn agorodd ddrysau i mi oedd chwaraeon. Mi oeddwn i'n aelod o dîm darts rhyw dafarn yn Ealing. Ac un noson mi ddaeth 'na griw o genod i mewn efo'r tîm arall, a dyma ddechrau sgwrsio efo un ohonyn nhw, a pwy oedd hi ond Jill – fy ngwraig erbyn hyn.

Doeddwn i ddim yn meddwl o gwbl am y dyfodol, jest mynd o ddiwrnod i ddiwrnod, a doeddwn i ddim yn meddwl chwaith am Ben Llŷn. Dim ond pan aethon ni i fyw i Isleworth, dros yr afon i Richmond – mynd i fyny mewn safon rŵan – y dechreuais i feddwl go iawn am be oeddwn i am ei wneud efo fy mywyd. Mi oedd Jill a finnau'n dechrau mynd efo'n gilydd o ddifri erbyn hyn, ac mi wnes i stopio chwarae darts, ac mi rois i'r gorau i'r band roc yr oeddwn i wedi bod yn potsian efo fo hefyd. Deffro i'r ffaith mod i'n mynd yn hŷn ro'm bach ella? Dwn i ddim, ond mi oeddwn i'n dal i chwarae pêl-droed.

Roedd tad Jill yn gweithio i'r GPO, ac oherwydd Joe's Lights a'r goleuadau a ballu, mi oeddwn i wedi dechrau cymryd diddordeb mewn *electronics* a ballu. Roedd cyfrifiaduron mwy na heb newydd gael eu geni. Mi oedd 'na offer dadansoddi yn y labodry – cyfrifiadur i bob pwrpas – ond roedd gin i fwy o ddiddordeb yn sut oedd y peth yn gweithio na be oedd o'n gallu ei wneud! Dyma fo'n deud wrtha i fod 'na agoriadau da yn y GPO ar y pryd, wrth iddyn nhw newid i BT. Yn amlwg, mi oedd 'na rwbath am y labordy oedd ddim cweit yn fy modloni, ac roeddwn i'n awyddus i ddysgu mwy am electroneg.

Roedd cerddoriaeth hefyd wedi dod i mewn i fy mywyd i, a dwi'n cofio gweld hysbyseb yn *Melody Maker* yn deud fod cwmni recordiau Columbia neu Decca yn chwilio am *tea-boy*! Ac roeddwn i wedi clywed mai dyna'r ffordd orau i fynd i mewn i'r byd recordiau. Os oedd rhywun yn y stiwdio'n sâl rhyw ddiwrnod roedd y *tea-boy* yn cael ei gyfle. Roedd 'na angerdd mawr i fynd ar ei ôl o – 'hwn ydi'r bywyd, fama dwi fod.' Fel 'na oeddwn i'n meddwl.

Beth bynnag, mi anfonais gais i mewn, a ffonio Mam i ddeud bod gin i ffansi newid cyfeiriad o ran gwaith. Wel, mi gafodd hi ddiawl o sioc pan ddudis i be oedd gin i mewn golwg! Gadael swydd dda yn y labordy i fynd i wneud te! Fedrwch chi feddwl pa fath o ateb ges i, ac mi wnes i wrando arni, er mod i wedi cael gwahoddiad am gyfweliad a bob dim.

Ychydig yn ddiweddarach roeddwn i'n ymuno efo BT fel technegydd ffôn. Pam wnes i gymryd y cam, dwn i ddim. Am fy mod i mewn perthynas, ac am fod gin i fam a thad 'newydd' yn rhieni Jill, oedd yno uwch fy mhen i – doedd Mam a Dad mond yn gwybod be oeddwn i'n ddeud wrthyn nhw!

Ond wn i ddim sut wnes i fo chwaith – tair noson o goleg bob wythnos am ddwy flynedd, a finna mond yn 19 i 20 oed. Mi gymerodd dipyn o ymroddiad, ond mi wnes i o. A'r peth oedd, os oeddach chi'n eich profi eich hun i BT ac yn dangos

awydd i fynd yn eich blaen, roeddan nhw'n fodlon eich cefnogi chi, ac mi basiais fy arholiadau City & Guilds T Eng.

Mi o'n i'n cael y gorau o ddau fyd, cyflog a choleg, pan oedd pawb arall ar grant. Roedd o'n fy modloni i, achos roedd gin i ddiddordeb mewn electroneg a thechnoleg, ac roeddwn i wedi cyrraedd be oeddwn i i fod i'w gyrraedd o safbwynt addysg a'r dîl roeddwn i wedi'i wneud efo fy rhieni.

Roedd adloniant yn dal o ddiddordeb hefyd, cofiwch. Mi welais swydd yn mynd efo'r BBC yng Nghaerdydd, a oedd yn gofyn am gefndir technolegol. Ges i wahoddiad am gyfweliad, ac i ffwrdd â fi i Paddington a neidio ar y trên. Ro'n i'n gadael am 6 y bore ar gyfer cyfweliad tua 11.30 os dwi'n cofio'n iawn. Darllen papur, yfed coffi, trio ymlacio ... ond y peth nesa glywis i oedd 'Next stop, Bristol Temple Meads!' O'r Arglwydd! Roeddwn i ar y trên anghywir! Ro'n i'n meddwl ei bod hi wedi gadael yn gynt na ddylia hi! Ond eto, yn y darlun mawr, doedd o ddim i fod i ddigwydd, mae'n amlwg.

Mi symudodd BT eu pencadlys o Lundain i Martlesham, ger Ipswich, ac mi oedd y cwmni'n cynnig pob math o bethau i'ch cymell i fynd – tridiau i chwilio am dŷ, talu ffi twrnai, grant i brynu cyrtans am ryw reswm – pob math o bethau. Felly doedd o ddim yn benderfyniad anodd, a fan'no fuon ni tan i ni ddod yn ôl i Gymru.

☆ CYFFURIAU ☆

Doedd 'na byth brinder partis i fynd iddyn nhw yn ystod y cyfnod yna, ac roeddan ni'n cael gwahoddiadau'n aml. Mi fydd rhai ohonach chi'n cofio rhyw stwff o'r enw Clan Dew – cymysgedd rhad o wisgi a gwin neu rwbath – ac mi fyddwn i'n deud wrth yr hogia, 'Hwn dwi am fynd i'r parti efo fi, ond dwi'm yn bwriadu ei yfed o chwaith!' Ei adael o ar bwrdd gegin ... a helpu fy hun i'r can cwrw agosaf! Dyna oedd y drefn. Wrth gwrs, roedd 'na gyffuriau o gwmpas hefyd. Smocio canabis oedd y rhan fwyaf o bobl, er bod 'na bethau eraill i'w cael. Ond unwaith erioed wnes i drio hynny, a phenderfynu: 'Na, dim i mi diolch yn fawr. Mi sticia i at sigaréts a chwrw!' Y cwbl wnes i oedd disgyn yn fflat ar fy ngwynab a mynd i gysgu! Mi o'n i'n sefyll un munud, a'r munud nesa, doeddwn i ddim!

Rydach chi'n clywed pobol yn sôn eu bod nhw wedi gweld peth a'r peth a gweld hyn a hyn wrth gymryd cyffuriau a chael rhyw brofiadau rhyfedd a ballu, ond welish i affliw o ddim byd. Wnes i ddim cyffwrdd ynddo fo wedyn, er fy mod i wedi cael cynnig peth sawl gwaith.

Mi wnaethon ni ddechrau ysgol gardiau tua'r adeg honno hefyd – chwarae brag. Ar y cychwyn, ceiniogau fydda yn y pot, ond fel yr oedd y noson yn mynd yn ei blaen roedd pethau'n poethi, ac ar adegau roedd 'na bunnoedd ynddo fo. Rŵan roedd rhywun yn dechrau meddwl: 'Be dwi'n mynd i wneud?' Roeddach chi'n gweld pa mor hawdd y gallai'r peth droi yn broblem. 'Damia, dwi wedi colli pum punt heno, ond mi ga i o'n ôl fory myn diawl ...' Ond dydi hynny ddim yn digwydd, a rywsut neu'i gilydd mi oedd 'na rywun yn edrych ar f'ôl i. Mi oedd 'na gloch yn fy mhen i'n deud: 'Gad o, a sbia arnach chdi dy hun mewn mis i weld lle rwyt ti.' Ac erbyn sbio, 'run faint o bres oedd gin i – doedd o ddim i fyny nac i lawr!

Dwi'n lecio chwarae'r *slot machines* hefyd, wn i ddim ai rhwbath sydd ynof fi'n naturiol ydi hyn, ond mae'n goblyn o demtasiwn pan dach chi o fewn dim i ennill y tedi bêr 'na, neu mae'r doman o arian sydd ar y dibyn ar fin disgyn. Un fel'na ydw i, ac mi fedra i feddwl ei bod hi'n hawdd iawn mynd i dwll. Dwi'n prysuro i ddweud nad ydw i erioed wedi cyrraedd y fan honno, diolch byth. Ond be welish i yn Llundain (mae'n bosib na welodd lot o bobl mohono fo) oedd yr effaith mae o'n medru ei gael. Pobol wedi mynd i'r pen draw, creaduriaid, ac mi oedd o'n ufflon o agoriad llygad i hogyn o'r wlad.

Ond er mod i wedi cael gweld goleuadau llachar Llundain, mi wnes i golli allan ar gyfnod pwysig yn ôl ym Mhen Llŷn – sef fy arddegau. Yr hogia, cariadon, mynd i Bwllheli ar nos Sadwrn am sesh a ballu – gollais i hwnna i gyd. Ond ar y pryd doeddwn i'n meddwl dim byd am Ben Llŷn, nag oeddwn?

I ddod yn ôl at y cytundeb wnes i efo Mam a Dad, sef 'Gadewch i mi fynd ac mi ga i addysg,' be oeddwn i'n ei wneud oedd mynd i ddosbarthiadau nos. Dilyn cwrs ONC mewn Cemeg Organig i ddechrau. Yn fan'no mi oeddwn i'n dod i nabod set wahanol o bobl, oedd yn beth iach.

Roedd cerddoriaeth yn destun sgwrs, a dyma un yn deud ei fod o mewn band bach. Dyma drefnu i fynd i'w gweld nhw'n canu yn rhyw dafarn. Grŵp roc trwm oeddan nhw – lot o sŵn a dim llawer o gerddoriaeth, ond ta waeth, roedd o'n gyfle i nabod pobl eraill. Ar ôl iddyn nhw ddeall fy mod innau'n dablo efo'r gitâr, mi ges i wahoddiad i fynd draw i dŷ un ohonyn nhw un noson. Mi oedd o wedi troi'r atic yn stafell, ac mi oedd gynno fo amp a gitâr ac yn y blaen yn fan'no. Doedd gin i ddim gitâr efo fi, a doeddwn i rioed wedi chwarae gitâr drydan p'run bynnag. Ond yn raddol mi ddechreuis i fynd i fan'no weithiau yn lle mynd i'r coleg! Roedd rhaid cael gitâr drydan rŵan, doedd? A digwydd bod mi oedd boi o'r enw Andy Dunn yn yr hostel, ac mi oedd gynno fo gitâr Burns goch, efo *tremolo arm* a bob dim arni, a dyma ofyn iddo fo gawn i ei menthyg hi, ac mi gytunodd. Honno oedd y gitâr drydan gyntaf i mi ei thrio, ond fel dwi'n deud, roedd o'n fwy o sŵn na dim byd arall, ond mi roddodd flas i mi, achos mi oeddan ni'n mynd i dafarndai i chwarae.

Pentref wedi ei greu o'r newydd oedd Martlesham lle ro'n i'n byw, tua phum milltir o Ipswich. Roedd 'na *village green*, tafarn, a phafiliwn newydd, ac roeddan nhw wedi adeiladu tai o gwmpas y rheiny wedyn. Iawn, dim problem, ond ryw bentref mynd a dŵad oedd o. Tua'r cyfnod yna roedd cwmnïau insiwrans a chwmnïau ariannol yn symud o Lundain, ac am ryw reswm mi wnaeth lot ohonyn nhw sefydlu yn Ipswich, ac roedd Martlesham yn boblogaidd efo pobol oedd wedi breuddwydio am gael byw yn y wlad. Ond y drwg oedd, doedd cymdogion ddim ond yno am ryw ddwy neu dair blynedd, mi oeddan nhw'n symud i ffwrdd wedyn. Ac mi oedd 'na lot o gadw i fyny efo'r Jonesiaid yn mynd ymlaen yno hefyd am ryw reswm!

Mi oedd chwaraeon yn dal yn bwysig gen i, ac mi wnes i ymuno efo'r clwb sgwash yno, wedyn mi oeddwn i'n cyfarfod pobl newydd, ac yn mynd am beint –

neu sgwash – ar ôl y gêm a chymdeithasu ac ati. Wrth sgwrsio am hyn a'r llall un noson mi ddaeth chwarae gitârs i fyny, ac mi soniodd un ei fod am ddechrau noson meic agored yn y pafiliwn. Neuadd bentref oedd y pafiliwn, ond roedd 'na le i gynnal pethau tu allan, a sawl stafell arall a chegin tu mewn. Yn y noson meic agored 'ma mi oedd 'na bedwar ohonan ni'n canu ac yn chwarae gitâr, ac un arall yn chwarae'r ffidil. Ac o'r noson honno mi ddechreuon ni gael ambell i gig – i godi arian at y clwb sgwash ella, neu'r math yna o beth yn lleol.

Yr Heatheners oedd ein henw ni, am ein bod ni'n byw ar Martlesham Heath, a hefyd – waeth i mi fod yn onest ddim – am ein bod ni'n lecio cadw reiat hefyd! Grŵp gwerin traddodiadol oedd o, er mae'n rhaid i mi gyfaddef nad oedd gen i lawer i'w ddeud wrth y math yna o ganu chwaith, ond roeddan ni'n cael hwyl ac yn dysgu oddi wrth ein gilydd.

Un tro mi gawson ni wahoddiad i chwarae mewn noson arbennig mewn neuadd fawr yn Woodbridge, pentref cyfagos. Mi oedd honno'n noson a hanner. Doniau lleol, fel ni, oedd yr hanner cyntaf a'r ail yn cael ei chynnal gan y Woodbridge Amateur Dramatic Society yn perfformio *South Pacific*. Mi wnaethon ni ganu tua pum cân os dwi'n cofio'n iawn, ac mae'n siŵr mai dyna'r tro cyntaf i mi fod ar lwyfan go iawn, achos roedd hon yn neuadd reit fawr.

Beth bynnag, mi gawson ni hwyl arni, ond roedd rhaid aros yn y cefn wedyn tan y diwedd am fod yr artistiaid i gyd i fod i ddod ar y llwyfan ar gyfer *finale*! Yn y stafell newid mi oedd 'na wisgoedd o bob math, ac am mod i'n un sydd wrth ei fodd yn chwarae'r ffŵl neu'n tynnu coes, mi ges i fodd i fyw yn fan'no! Mi ges i afael ar ddillad merch – sgert, côt, sgidia, teits, wig, bob dim, a gorffen y sioe efo sbectol a het grand â phluen ynddi! Wel, ymlaen â fi ar y llwyfan ar y diwedd rŵan, a phawb yn sbio'n syn ar y ddynes ryfedd 'ma oedd wedi dod o rywle! Doeddan nhw ddim yn gwybod be oedd yn mynd ymlaen. Roedd y gynulleidfa'n glana chwerthin ac yn meddwl ei fod o'n rhan o'r sioe, am wn i. Ond dwi ddim yn siŵr oedd pawb yn gwerthfawrogi, chwaith.

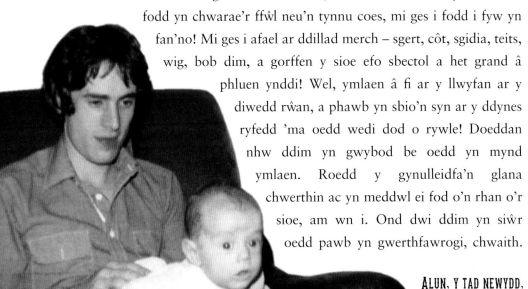

ALUN, Y TAD NEWYDD,
GYDA GARETH

Chawson ni ddim gwahoddiad i fynd yn ôl wedyn, beth bynnag!

Erbyn meddwl am y peth, dwi'n dueddol o wisgo i fyny fel merch reit aml. Dwn i ddim pam, ond mae o'n dechrau fy mhoeni i braidd! Na, dim o ddifri! Jest rhywun sy'n mwynhau chwarae'n wirion ydw i, dyna i gyd ... wir!

Mi oedd 'na noson fawr yn Martlesham bob blwyddyn i godi pres at ryw achos da neu'i gilydd. Ac un flwyddyn, ar gyfer y noson hon, mi wnaethon ni ffurfio grŵp o'r enw y Strolling Bones – grŵp teyrnged i'r Rolling Stones! Gesiwch pwy oedd Keith Richards? Ia, fi efo fy wig eto! Ac mi oeddwn i wedi prynu gitâr drydan erbyn hyn – copi o Gibson Les Paul ddu. Sôn am hwyl, hogia bach! Mi oedd un o'r grŵp yn reit gerddorol, ac roedd o wedi rhoi medli o ganeuon y Stones at ei gilydd. Mi weithiodd yn dda, ac mi fuon ni'n sôn am wneud rhagor o nosweithiau. Wnaethon ni ddim, ond mi ddaru ni drafod enw gwell na'r Strolling Bones – Chippings oedd un cynnig, am ein bod ni fymryn yn ganol y ffordd!

☆ YN ÔL I GYMRU ☆

Mi oedd Gareth yn dechrau yn yr ysgol feithrin, a Bryn newydd gael ei eni pan symudon ni i Gymru. Ar ôl dod yn ôl y daeth Gwyn, y mab arall, i'r byd.

Mi oeddwn i wedi bod yn teimlo tynfa i ddod yn ôl ers sbel, a chwarae teg i Jill, mi gefnogodd hi fi. Mi ddechreuais i chwilio am swyddi yng Ngwynedd, ond mi ddudodd Jill a fi 'Rown ni flwyddyn iddi, ac os nad oes 'na rwbath wedi digwydd erbyn hynny, dyna hi, mi arhoswn ni lle rydan ni,' achos fasa hi ddim yn deg ar y plant wedyn. Roeddwn i'n cael y *Caernarfon & Denbigh Herald* drwy'r post, ond mi oedd o'n wythnos oed erbyn iddo fo fy nghyrraedd i, a phan o'n i'n gweld swydd oedd yn siwtio, ac yn ffonio am fanylion, roeddwn i wastad yn rhy hwyr.

Roeddan ni'n dod yn ôl i Lŷn unrhyw wyliau oedd gynnon ni, ac un tro roeddwn i'n eistedd ar lan môr Aberdaron efo'r hogia pan welis i hysbyseb am hyfforddwr electroneg efo Cyngor Gwynedd. Mi oedd y cyflog yn uffernol o'i gymharu â be oeddwn i arno fo, ond roedd gynnon ni bethau fel peiriant golchi, peiriant golchi llestri, rhewgell a hyn a'r llall ac arall i gyd, ac mi oedd costau byw yn is yng Ngwynedd, felly mi ddechreuon ni feddwl o ddifri am y peth.

'Fyddan ni'n iawn am ryw ddwy flynedd os ga i'r swydd ... ac o leiaf mi fydd gen i well siawns o gael swydd well unwaith fydda i yno ...' Fel hyn oeddan ni'n meddwl. Mi wnes i'r llythyr cais ar y traeth y diwrnod hwnnw, a mynd â fo i flwch postio Cyngor Gwynedd yn Gaernarfon gyda'r nos. Wedyn, dyma lythyr yn dod yn fy ngwahodd i am gyfweliad, a sôn am brofiad oedd hwnnw. Am ei bod hi'n swydd uwch na hyn a hyn mi oeddwn i'n gorfod mynd o flaen y pwyllgor staffio i gyd yn siambr Hywel Dda. Sioc i'r system! Mae rhywun wedi arfer mynd i mewn i swyddfa, a gweld dau berson tu ôl i ddesg yn barod i'ch cyfweld chi, a dyna hi. Ond yn y siambr fawr hen ffasiwn 'ma, roedd 'na fôr o wynebau o mlaen i, ac o fewn hanner munud roedd unrhyw baratoadau meddyliol oeddwn i wedi eu gwneud yn chwalfa llwyr.

Ta waeth, mi ges i'r swydd, ac yn ôl y daethon ni. Roedd rhaid i mi adael y teulu yn Martlesham tra oedd y tŷ'n cael ei werthu, ac mi fues i'n byw yn ôl yn y Post efo fy rhieni tra oeddan ni'n chwilio am dŷ ffor'ma.

☆ DECHRAU J & A ☆

Roedd dod yn ôl i Lŷn yn wych i ni fel teulu, ond i mi'n arbennig, mae'n siŵr. Roeddwn i'n cael fy nhrwytho yn y bywyd cymunedol Cymreig, ac roeddwn i wrth fy modd. Ro'n i wedi colli blynyddoedd o nabod ar bobl y pentref, ac wedi colli cysylltiad efo ambell un, a cholli be oedd wedi digwydd i hwn a hwn a hon a hon; mi oedd rhaid i mi weithio'n galed iawn i ddal i fyny.

Ond y Dolig cyntaf oeddwn i'n ôl, mi es i lawr i'r Lion. Roedd 'na noson arbennig yno bob Dolig, ac roeddan nhw wedi menthyg meinciau o'r ganolfan, wedi gosod *trestles* fel byrddau, ac roedd perchnogion y lle wedi gwneud cinio Dolig a heb eithriad bron, mi oedd y pentref i gyd yno'n cymdeithasu. Noson wych. Ar ôl gorffen bwyd a chlirio'r byrddau, pwy oedd yn canu yn y gongl efo'i gitâr ond JT – John Felin! Duwcs, dyma rhywun yn deud wrtha i, 'Ti'n chwarae gitâr, dwyt? Dos i'w nôl hi!' Ac ar ôl mymryn o berswâd, ac ar ôl cael gair efo John i weld oedd hynny'n iawn, mi es i'w nôl hi ac ymuno efo John, a hyd yn oed canu efo fo ar ambell i beth. Mi oedd rhai'n deud, 'Diawl, dach chi'n swnio'n dda efo'ch gilydd!' a hyn a'r llall. Ond dyna fu, nes ddechreuodd pobol ffonio a gofyn i ni fynd i ganu i lle a'r lle. Doeddan ni ddim yn gwybod be i'w wneud. Dau *stooge* oeddan ni ar y dechrau, ond yn fuan iawn dyma ni'n sylweddoli ein bod ni angen stwff PA. Ar ôl cael hwnnw, mi oeddan ni isio *drum machine* wedyn, doeddan! A dwi'n cofio'n glir y ddau ohonan ni'n mynd i Gaer i brynu un. Rwbath syml ddiawchedig oedd o, efo chydig o wahanol rythmau – salsa, roc a rôl, country 1, country 2 – a'r unig beth oeddach chi'n medru ei wneud oedd newid y tempo. Ond ew, mi oeddan ni'n meddwl bod ni'n fois wedyn, ac mi ddefnyddion ni fo y noson honno mewn gig yn Llangïan, a chael £10 yr un am wneud!

Doedd John ddim yn rhy siŵr ynglŷn â chario mlaen – doedd o ddim yn meddwl

Mi fydda i'n meddwl yn aml, tasan ni wedi mynd allan efo *backing tracks* yn hytrach na chwarae'n fyw efo cerddorion eraill fel rydan ni wedi'i wneud erioed, mi fasan ni wedi rhoi'r gorau iddi ers talwm. Mae 'na ryddid mewn bod yn hollol, hollol fyw. Mae'r *backing track* 'run fath bob wythnos, a does 'na ddim ffordd o newid hynny. Dyna pam dan ni'n bedwar rŵan, a does 'na ddim un perfformiad 'run fath achos fedr pedwar cymeriad ddim teimlo 'run fath bob tro maen nhw'n mynd allan i ganu efo'i gilydd. Ac mae'n rhaid deud fod hynny'n ffresni pur i mi.

Mi oedd 'na adeg, pan oedd mond y ddau ohona ni a *drum machine*, roeddan ni'n dechrau canu am naw a ddim yn gorffen tan ddau o'r gloch y bore. Oeddan, mi oeddan ni'n gwneud cymaint â hynny ambell waith, yn enwedig mewn nosweithiau i lawr yn y de 'na! Dyna oeddan nhw'n ddisgwyl, ac wrth gwrs mi oeddan ni'n aros dros nos bryd hynny.

Yn ein hanterth, pan oedd hi'n radio, teledu a chyngherddau byw ffwl pelt, mi oeddwn i'n cymryd pnawn dydd Gwener i ffwrdd o'r gwaith os oedd gynnon ni gig.

Mi oeddwn i'n gweithio yn Gaernarfon erbyn hyn, ac mi oedd isio mynd o D'weliog i fan'no yn y bore; rwbath sydyn i ginio yn Gaernarfon, newid yn car i rwbath mwy cyfforddus; lawr i Langeler neu lle bynnag oedd o; canu nos Wener; cwpwl o beints; rownd y farchnad yn Gaerfyrddin dydd Sadwrn ella; canu yn rhywle arall nos Sadwrn; yn ôl adra wedyn dydd Sul; i Fangor nos Sul i wneud y rhaglen radio, a mynd i weithio wedyn erbyn naw fore Llun. Pan oeddwn i'n fengach roeddwn i'n gallu ei wneud o, ond wrth fynd yn hŷn ... stori arall.

Wna i byth anghofio un digwyddiad ar ddydd Llun ychydig cyn Dolig ryw dro, ac mi oeddan ni wedi cael wythnos a phenwythnos prysur ddiawledig. Pan godais i'r bore hwnnw mi oeddwn i'n wirioneddol wedi blino'n lân. Roedd gen i fantais o fod ar *flexi-time*, felly roeddwn i'n medru cyrraedd i mewn yn hwyrach, mond bod angen talu'r amser yn ôl ar ddiwedd y diwrnod. Dyma fynd i Gaernarfon erbyn 9.30, ac wrth gwrs, roedd y meysydd parcio i gyd yn llawn erbyn hynny. Felly dyma fi'n parcio tu cefn i Kwiks bryd hynny (Asda sydd yno bellach) a ffwrdd â fi i weithio. Trio cadw'n effro oedd y peth caletaf wnes i'r diwrnod hwnnw! Beth bynnag, dyma 5.30 yn dod, diolch i'r nefoedd, ac i ffwrdd â fi.

'Duwcs, lle rois i'r car?' Doeddwn i ddim yn cofio! Dyma bendroni, a mynd yn ôl i'r bore i weld fedrwn i gofio.

'Wn i lle mae o – Kwiks!' medda fi, ac awê am fan'no. Mi oedd hi'n dywyll erbyn hyn wrth gwrs, a golau'r stryd wedi dod ymlaen. Doedd 'na'm llawer o geir yn y maes parcio, ond doeddwn i ddim yn gweld fy nghar i yno chwaith ... Dechrau panicio ro'm bach.

'Dim hwnna 'di o, mae hwnna'n fêc gwahanol i f'un i, ac mae hwnna'n fancw yn futrach na nghar i ... o ac mae'r *sidelights* on arno fo, ac mae 'na rywun yn eistedd ynddo fo, beth bynnag ...'

Yn fy mhen i roedd rhywun yn eistedd yn y car yn disgwyl rhywun arall o Kwiks. A dyna lle ro'n i'n pendroni, nes yn y diwedd mi benderfynais i fod 'na rywun wedi dwyn fy nghar i!

Doedd dim amdani ond mynd i swyddfa'r heddlu, oedd yn Pen Deitsh, Caernarfon ar y pryd – wrth ymyl prif fynedfa'r castell. Lawr â fi, ac adrodd yr hanes. 'Iawn', medda'r plisman, 'mi rown ni'r neges allan.' A dyma ffonio fy mrawd Gwynfor a gofyn iddo fo ddod i fy nôl i.

Pan gyrhaeddodd Gwynfor dyma fo'n deud:

'Gwranda, waeth i ni gael un golwg bach arall, rhag ofn ...'

'Ocê ta,' medda fi, 'ond fyddan ni ddim callach.'

Un car oedd ar ôl yn y maes parcio erbyn i ni gyrraedd yno. Ac ia, mi ydach chi'n iawn – fy nghar i oedd hwnnw! Roeddwn i wedi gadael y *sidelights* ymlaen yn y bore, a chysgod ar yr *headrest* oedd y 'person' oedd yn eistedd ynddo fo yn disgwyl rhywun o Kwiks.

O'r nefoedd ... sôn am deimlo fel chwech! Mi oedd yn rhaid i mi fynd i lawr i swyddfa'r heddlu i ddeud wrthyn nhw mai camgymeriad oedd y cwbl, ac mi oedd hynny'n embaras mawr, wrth gwrs, ond chwarae teg i'r plisman, mi oedd o'n iawn. Ac mae'n rhaid ei fod o wedi gweld arna'i pa mor flinedig oeddwn i, achos mi ddudodd o: 'Paid â phoeni am y car, ond yn ôl dy olwg di, dos adra a dos i gysgu am ddau ddiwrnod. Ti'n edrych fel tasa chdi 'i angen o!'

Ydi, mae blinder yn gallu gwneud pethau rhyfedd i chi.

☆ CYM ON! ☆

Yn aml iawn mae pobol yn gofyn i ni wneud noson i godi arian at beth a'r peth, ac fel rheol yr adeg honno maen nhw'n gofyn i ni ostwng ein pris arferol. Iawn. Ond ar y noson, maen nhw'n ein gweithio ni'n galed, ac ar y diwedd mi glywch chi rwbath fel 'Diolch o galon i bawb, mi ydan ni wedi codi dros £3,000!'

O'r nefoedd! Cym on! Chwarae teg. Cymryd mantais ydi peth fel'na! Mae gynnon ni ddwy elusen sy'n agos at ein calonnau, sef Tŷ Gobaith ac Ambiwlans Awyr Cymru, ac mi ydan ni'n trio gwneud noson iddyn nhw bob blwyddyn.

Yn eironig, mi oedd Dad yn codi arian at yr ambiwlans awyr yn rheolaidd, ac ers iddo fo farw, rydan ni wedi gorfod ei chael hi yma dair gwaith i fynd â Mam i'r ysbyty. Mae hi'n dioddef efo'i chalon, ac oherwydd y tywydd neu'r traffig neu beth bynnag maen nhw wedi penderfynu mynd â hi yn yr hofrennydd. Ugain munud mae hi'n gymryd o D'weiliog i Fangor, a thua awr mewn car. Mae'n gyd-ddigwyddiad rhyfedd.

Mae pobol yn teimlo eu bod nhw pia ni, ac mi oedd 'na gyfnod pan oeddwn i'n teimlo wedi fy hemio i mewn go iawn.

Does 'na ddim byd yn bod arno fo, ond dwi'n cofio cerdded lawr y stryd yn Gaer neu rywle yn gwneud fy siopa Dolig, a rhywun yn dod ataf fi ac yn deud 'O, gawn ni lun plis ...' Iawn, ond mi ydan ninnau isio llonydd hefyd weithiau!

Welish i rywun yn tynnu llun ohonan ni, yn ei brintio fo hanner dwsin o weithiau, eu torri nhw allan a'u gosod nhw ar ben ei gilydd fel ei fod yn edrych yn 3D, ei roi o mewn fframâ'i werthu fo! Mi oedd 'na rywun arall wedi cael llun bach ohonan ni, wedi prynu llwyth o *keyrings* plastig gwag, rhoi'r llun ynddyn nhw a'u gwerthu nhw! Heb ofyn i ni hyd yn oed, a heb gynnig ceiniog i ni!

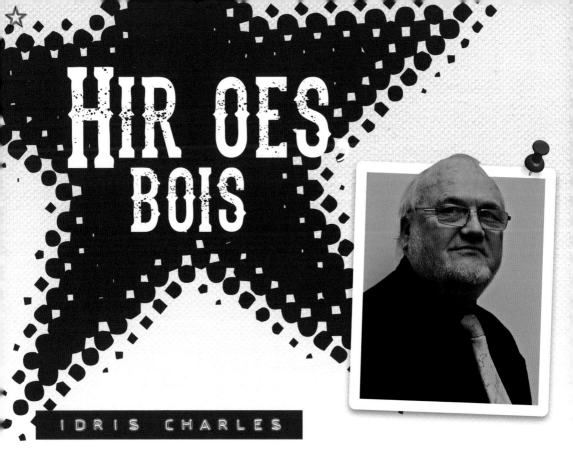

HIR OES, BOIS

IDRIS CHARLES

Dwi ddim yn cofio'n iawn pryd yn union 'nes i gyfarfod John ac Alun am y tro cynta. Mi o'n i wedi'u clywad nhw ar y radio a'u gweld ar y teledu cyn hynny, ac o'u clywad a'u gweld roeddwn yn gwbod fod na rwbath go arbennig yn perthyn i'r ddeuawd canu gwlad yma.

Fe gefais yr un profiad pan glywais y Pelydrau, Dafydd Iwan, Hogia'r Wyddfa a Tony ac Aloma am y tro cynta sawl blwyddyn yn gynt, rhywbeth go arbennig sy'n anodd i'w ddisgrifio ac yn anoddach byth i'w ddehongli, ar wahân i ddweud fod y sŵn yn hollol Gymreig. I mi, ma blas daear Cymru ym mhob nodyn a sill gan y cantorion hyn.

Mae John ac Alun wedi profi dros y blynyddoedd eu bod nhw ymysg mawrion canu ysgafn Cymraeg, ac wedi arbenigo'n naturiol heb fawr o ymdrech yn y byd canu gwlad. Dweud stori ar gân mae'r arddull yma, a does 'na neb cystal â'r ddau yma o Ben Llŷn am ddehongli gwaith yr awdur, a throsglwyddo neges y gân i ni'r gwrandawyr. Mae caneuon serch, caneuon am eu bro, caneuon trist a llawen, yn ogystal â chaneuon crefyddol yn cael yr un driniaeth gelfydd ganddynt, bron na fyddech yn credu mai nhw oedd y 'Chwarelwr' na welodd haul, neu a wahoddodd y ferch i 'aros y nos' ac a 'afaelodd yn llaw yr Iesu'.

76

Dwi'n sicr mai dyma ran o'r rhamant o ddilyn John ac Alun, y ffaith eu bod yn eich tywys am gyfnod i fyd sy'n llawn o brofiadau bywyd, a theimlo'n well ar ôl bod ar y daith.

Fe gefais brofiad unwaith o wneud cyfres deledu o'r enw *Dilyn y Sêr*. John ac Alun oedd gwrthrych un o'r rhaglenni hyn, ac am bythefnos cefais fod yn llygad dyst i ymateb y dilynwyr ffyddlon hyn i'w harwyr. Mewn gig yn Sir Fôn roedd 'na ffans o Geredigion wedi teithio yn unswydd i'w gweld, er y gwyddent yn dda y byddai'r ddau yn canu yng Ngheredigion yr wsnos wedyn. Roedd y neuaddau llawn yn Rhuthun, Dinbych a'r Bala, clybiau yn Llangefni, Dolgellau ac Amlwch yn ogystal â theatrau y Rhyl, Llandudno, Felinfach, Llanelli a llawer mwy yn ddigon i mi sylweddoli fod y ddau yma yn ffenomenon.

Roedd ffilmio'r ddau ynghyd â'u cefnogwyr ar daith i Amsterdam yn dipyn o brofiad – morio canu yn llythrennol ar y llong yno ac yn ôl, John ac Alun yn diddanu'r holl ffordd, a'r teithwyr i gyd yn cael amser i'w gofio ... wel, yn ôl Dewi Hughes y dyn camera; cysgu wnes i ran helaeth o'r daith.

Pan wnes i ymddeol rai misoedd yn ôl, yn ei haraith ffarwél i mi, un o'r pethau ddwedodd Angharad Mair oedd, 'Diolch yn fawr i ti, Idris, am ddŵad â John ac Alun i'n rhaglenni'. Do, fe gefais y pleser o wahodd John ac Alun i stiwdio Tinopolis ar gyfer *Wedi 3* a *Wedi 7* sawl gwaith.

Fe hoffwn yn fawr ddiolch i'r ddau am eu cyfeillgarwch, am lot o chwerthin, ac i Alun bron bob Sul am geisio ei orau glas i fy nynwared ... heb lwyddo unwaith. Ond wedi deud hynny, ma 'na fwy o siawns iddo fo fy nynwared i, nag i fi ddynwared John ac Alun.

Hir oes, bois, a daliwch ati i ddiddanu.

☆ DELYTH WILLIAMS ☆
Tudweiliog

Dwi'n dod o Dudweiliog, a dwi'n nabod John ac
Alun yn iawn ers blynyddoedd. Fi ydi nymbar won
ffan nhw, ac mae pob un o'u CDs nhw gin i. Mi
fydda i'n mynd i'w gigs nhw pan fedra i – yn
enwedig pan maen nhw'n canu yn Nhudweiliog, yn
y Lion cyn Dolig, neu Taran Tudweiliog yn yr haf.
Fy chwaer Awen sy'n mynd â fi, neu Mam.

Dwi jest yn lecio'r ffordd maen nhw'n canu a'r
math o ganeuon hefyd. Y gân 'Hel Atgofion' oddi ar
y CD *Hel Atgofion* ydi fy ffefryn i, a dwi'n lecio'r
caneuon sy'n sôn am Ben Llŷn i gyd hefyd. Dwi'n
lecio llais John, ond mae Alun yn dda iawn hefyd
am ganu efo fo. Mi oedd gen i a fy chwaer arall, Bethan, ddau bysgodyn aur, ac mi
wnaeth hi fedyddio nhw'n John ac Alun ond mi wnaeth John fwyta Alun! Mi
farwodd John chydig wedyn – dwi'n meddwl ei fod o wedi bwyta gormod!

☆ GWEN (GWENIE) HUGHES ☆
Bontnewydd

Dwi'n dilyn John ac Alun ers iddyn nhw ddechrau arni fwy neu lai, pan oeddan
nhw'n ddim ond y ddau ohonyn nhw. Mi wnes i syrthio amdanyn nhw'n syth, a
dwi'n eu dilyn nhw byth ers hynny.

Eu gweld nhw ar y teledu wnes i i ddechrau, yn canu cân am yr hwyliwr o
Bwllheli, Richard Tudor (pan oedd yn cymryd rhan mewn ras hwylio rownd y
byd yn 1992), a dyma fi'n dweud wrthyf fi'n hun, 'O, dwi'n lecio'r lleisiau yna,
pwy ydi'r rhain, sgwn i?' Digwydd bod roedd y ferch, Sian, yn gweithio efo Alun
yng Nghyngor Sir Gwynedd, felly roedd hi'n gwybod pwy oeddan nhw. Mi fues
inna'n gweithio yn y cantîn yn y Cyngor Sir wedyn, ac roeddwn i'n gweld Alun
yn aml, ac yn prynu CDs ganddo fo.

Mi fues i'n glanhau yn Sain wedyn hefyd, felly mi fyddwn i'n eu gweld nhw'n dod
i fan'no i recordio. Mi oeddan ni'n cael lot o hwyl a tynnu coes yn fan'no hefyd.

Dwi wedi bod yn mynd i'w gweld nhw yn bob man. Gôt Penygroes oedd un o'r llefydd mwyaf poblogaidd ar y dechrau. Ond mi fues i yn Iwerddon efo nhw, ac yn fan'no mi enillais drip i fynd i'w gweld nhw yn Ynys Manaw, am sgwennu limrig:

Ar drip i Tralee efo'r hogia
Cawsom gystadleuaeth y limrig orau
Os enilla i'r preis
Ga i drip bach reit neis
Am ddim i Ynys Manaw flwyddyn nesa.

Ac mi fues i yn fanno, ac yn Amsterdam unwaith efo nhw hefyd, a dwi'n dal i fynd i'w gweld nhw'n lleol bob cyfle ga i. Dwi wedi ennill dau *coaster* John ac Alun mewn cystadlaethau ar eu rhaglen radio nhw hefyd.

'Gobaith' ydi un o fy hoff ganeuon ganddyn nhw – y gân gyntaf wnaeth John ei chyfansoddi dwi'n meddwl. Jest rwbath am y geiriau wnaeth fy nghyffwrdd i, a'r un fath efo 'Gafael yn Fy Llaw' hefyd. Un arall dwi'n hoff iawn ohoni ydi 'Un Noson Arall'.

Ar wahân i'r miwsig, un peth arall am John ac Alun ydi eu bod nhw wedi dod â phobol at ei gilydd fel ffrindiau. Dwi wedi cyfarfod amryw o bobol oherwydd y ddau. Dwi'n ffrindiau mawr efo Mair Rhos-goch bellach, ond fasan ni ddim wedi taro ar ein gilydd oni bai am John ac Alun. Efo hi es i i Iwerddon y tro cyntaf, am ei bod hi'n chwilio am rywun i fynd efo hi. Mi ydan ni'n ffrindiau mawr rŵan. Felly, da iawn John ac Alun!

NOSWEITHIAU DA A DYDDIAU DIFYR

PENNOD 5

r ôl bod yn canu ar fy mhen fy hun am chydig, mi benderfynodd fy nhad brynu ryw stwff PA, speakers mawr hyll ddiawledig, a set o ddrymiau. Mi oedd o'n gwybod fy mod i'n lecio canu, ac yn lle mod i'n i'n troi yn fy unfan mi driodd o helpu trwy brynu'r rhain rhag ofn bod 'na gyfle i wneud rhywbeth ohoni.

Y Melinwyr oedd enw'r grŵp. Mi fuodd Edwin (cefndar Alun), Dei Llain Wen (cefndar Angharad y wraig), fy ffrind Eric, fy nhad a finnau'n aelodau yn ein tro. Jest gwneud covers oeddan ni, ac mi oeddan ni'n reit amrwd – doedd gynnon ni ddim bâs na dim byd.  Ond mi oedd 'na un o ffrindiau nhad isio i ni fynd ar *Opportunity Knocks*! Wnaethon ni ddim mentro chwaith, ac mi fydda i'n meddwl weithiau be fasa wedi digwydd tasan ni wedi mynd!

Chwarae dryms oedd Dad – wedi dysgu ei hun wrth wrando ar recordiau, ac mi oedd o'n medru cadw bît yn iawn, chwarae teg! Yn y dafarn leol, y Lion, fyddan ni'n chwarae'r rhan fwyaf. Mi oedd o'n colbio'r dryms erbyn diwedd nos, ac am nad oedd o'n rhoi dim mat na dim byd o danyn nhw mi oedd y dryms yn mynd o'i flaen o, a fynta'n trio dal i fyny efo nhw ar ei stôl! Mi oedd y snare yn mynd un ffordd a fynta'n mynd ffordd arall. Argian, roeddan ni'n cael sbort, hogia bach! Ond dod i ben wnaeth y Melinwyr, ac mi fues inna'n mynd allan i ganu ar fy mhen fy hun eto.

Mi briododd Angharad a fi yn 1980, ac ymhen blwyddyn ganwyd Sioned, ac yn 1984 daeth Mari ar y sin. Erbyn hyn mi fyddwn i'n gwneud noson yn y Lion bob Dolig, dim ond fi a'r gitâr, yn canu'r hen ffefrynnau a covers. Roedd Alun yn byw

yn Llundain yr adeg yma, ond un Dolig dyma daro arno fo yn y Lion a holi, 'Duwcs sut wyt ti ers talwm?', a hyn a'r llall. Roedd Alun wedi clywed mod i'n potsian efo canu ar hyd y lle 'ma, ac yntau'n dweud ei fod o wedi bod mewn grŵp yn Lloegr. Roedd Gwynfor, ei frawd o, yn chwarae dryms hefyd. Mi oedd Alun yn frwdfrydig ofnadwy ar y cychwyn – wel, mi oedd o wedi bod yn canu mewn ryw glybiau gwerin ac ati yn Lloegr wedi'r cwbl, yn doedd? Ond mi oedd o wedi byw bywyd, ac wedi gweld dipyn mwy na fi yn Llundain 'na, a finnau wedi aros yn fy nghynefin. Ond dwi'n falch iawn o hynny ... fy mod i wedi medru aros yma ar hyd yr amser.

Ffeindish i yr adeg honno fod ganddo fo ryw steil arbennig o chwarae gitâr. Dwi ddim wedi clywed neb yn chwarae 'run fath â fo – ac mae'i steil o'n gweithio'n dda iawn i'r math o ganu rydan ni'n ei wneud. Ydi, mae o'n dipyn o giamstar, chwarae teg. Dyna pam dwi wedi mwynhau chwarae efo Alun erioed. *Three-chord-wonder* oeddwn i, pedwar weithia os oeddwn i mewn hwylia! Dim ond chwarae rhythm a chanu oeddwn i pan o'n i wrthi fy hun, ac mae hynny'n gallu bod yn ddiflas i bobl sy'n gwrando. Mi sylwais ar hynny pan oedd Dafydd Iwan yn canu yn y Lion ryw dro, mond y fo a'i gitâr, dim band na dim byd. Roeddwn i'n gwrando'n astud arno fo ar y noson, a meddwl 'Mae o reit boring fel hyn.' Mae ei ganeuon o'n ffantastic, ac mae gen i feddwl mawr ohono fo fel cerddor a chyfansoddwr, ond mae o'n llawer gwell pan mae gynno fo fand efo fo. Mae o'n cael canolbwyntio ar ganu a rhoi ei neges drosodd yn ei ganeuon wedyn. Ac felly roeddwn i'n teimlo amdanaf fi'n hun. Ond roedd Alun yn ychwanegu rwbath arall, ac wrth gwrs yn cefnleisio hefyd.

Pan ddaeth Alun yn ôl i Gymru i fyw, a phan ddechreuon ni arni fel John ac Alun, roedd o isio newid yr amplifier 15 watt, a chael rhywbeth cryfach, a lluchio'r meicroffon £7.99 o Woolworth. Mi oedd y sŵn yn newid wedyn, a finnau'n dysgu cordiau newydd! Ond roeddan ni'n amrwd iawn ar y dechrau.

Fo ddysgodd fi i fod yn daclus efo mhetha – ha! ha! Ddim mewn gwirionedd, dwi'n un andros o flêr, ond mae o yn meddwl ei fod o wedi fy nysgu fi! Roedd ei gitâr o jyst-so pan ddaeth o â hi i'r dafarn y diwrnod hwnnw. Yn sgleinio fatha swllt, ac ar ôl gorffen roedd ganddo fo ryw gadach i lanhau'r gwddw, cyn ei rhoi hi yn ôl yn ei châs. Rhyw hen fag plastig du oedd gen i – nid bag bin chwaith – bag gitâr oedd o, ond un digon sâl.

'Argian, ti'n ei llnau hi fel'na bob tro?' medda fi.

'Arglwydd, yndw siŵr iawn,' medda fo. 'Mae'r strings 'ma 'di costio siŵr. Mi wnawn nhw rŵan am ddwy/dair tro eto.'

Ond hwyl oedd o i mi. Doeddwn i rioed wedi meddwl cymryd y peth o ddifri nag oeddwn?

Beth bynnag, mi oedd Alun wedi mwynhau gymaint y noson honno, dwi'n ei gofio fo'n deud, 'Mae 'na rwbath *yn* fama, sti.'

'Argian, oes dŵad?' medda fi. Mi oeddwn innau wedi mwynhau, ond doeddwn i ddim yn gweld dyfodol i'r peth chwaith rywsut.

Ond mi oedd Alun yn benderfynol. 'Pam na driwn ni hi, a deud bo ni ar gael i fynd i ambell i le?'

'Argian, dwn i'm,' medda fi.

Mi oeddwn i efo Pwllheli Plant Hire bryd hynny, ac roeddwn i'n gweithio fel weldar ar yr A55 newydd ochrau Conwy. Mi oeddwn i'n cychwyn am 6am o Lanaelhaearn bob bore, a chychwyn adra am 5.30pm. Ond cyn i'r lôn newydd agor roedd 'na siawns go lew y byddech chi'n sownd mewn ciw yng Nghonwy, ac yn aml iawn erbyn i mi gyrraedd adra roedd hi'n 8pm neu 8.30pm, a duwcs, ar ôl swpar mi oedd hi'n amser mynd i'ch gwely eto, doedd?

Mi oedd Mari'n flwydd oed ar y pryd, a Sioned rhyw bedair, ac mi oeddwn i'n teimlo mod i'n gadael Angharad ei hun i fagu'r plant fel yr oedd hi. Mae hi wedi rhoi i fyny efo lot swn i'n deud. Mae gin i lot i ddiolch iddi. Mi oedd o'n gyfnod reit galed, a deud y gwir, felly dyna pam roeddwn i'n amheus o fynd fwy o ddifrif efo'r canu.

Mi oedd hi'n gallu bod yn anodd pan oedd y plant yn ifanc. Dibynnu be oedd gynnon ni ar y gweill, weithiau roeddan ni'n mynd i ffwrdd ar bnawn dydd Iau a ddim yn dod yn ôl adra tan ddydd Llun os oedd 'na dair neu bedair noson wedi eu trefnu. Yn y 1990au, mi oedd Mari a Sioned yn eu harddegau, ac mi oedd Angharad yn gorfod bod yn fam ac yn dad yr adeg honno hefyd. Ella nad oeddwn i'n gwerthfawrogi digon arni ar y pryd. Ond chwarae teg iddi, mae hi wedi sticio efo fi ar hyd y daith! Diolch, Angharad!

Beth bynnag, mi oedd rhywun wedi clywed Alun a fi yn y Lion y noson honno, ac mi ddaeth 'na alwad ffôn ymhen rhyw bythefnos yn gofyn fasan ni'n mynd i Ysgol Llidiardau, Rhoshirwaun, i wneud noson. A dyna fu. Hwnnw oedd y dechrau.

Canu caneuon pobol eraill oeddan ni, yn Gymraeg. Stwff Dafydd Iwan ac yn y blaen. Chydig iawn o ganeuon Saesneg wnaethon ni erioed – mi oeddwn i wedi gwneud cymaint fy hun, a dwi'n meddwl bod Alun yn falch o'r cyfle i ganu yn Gymraeg ar ôl bod yn Lloegr. Mi oeddwn i'n nerfus yn y noson honno yn Llidiardau. Pan oeddwn i'n perfformio fy hun doeddwn i ddim yn nerfus o gwbl, ond rŵan ein bod ni'n ddau, roedd 'na fwy o gyfrifoldeb. Roedd y boi arall 'ma'n dibynnu arna i, a finnau arno fo, felly mi oedd fy nghalon i'n curo'n drwm iawn y noson honno.

Beth bynnag, mi ddaeth 'na dipyn o gigs wedyn ar ôl y cyfnod hwnnw.

Mae pobol yn meddwl eich bod chi'n gwneud ffortiwn yn y busnes canu 'ma. Ond wnewch chi byth mo hynny trwy ganu yn Gymraeg. Mae o fel defnydd gingham – small cheques (checks)!

Dwi'n cofio ein ffi gyntaf ni, am fynd i ganu i Bronwydd, Sir Gaerfyrddin, yn 1991 – £130. Iawn, mi oeddan ni'n cael aros am ddim efo'r trefnwyr, a chael ein bwyd yno, ond erbyn i chi gyfri costau teithio, bwyd ar y ffordd, ymarferion a phrynu offer a phob math o bethau eraill, doedd o ddim llawer, nagoedd? Fi oedd yn gofalu am y dyddiadur, ond mi ddylan ni fod wedi cael asiant o'r cychwyn ella. Wrth i ni ddod yn fwy llwyddiannus, mewn rhyw ddwy flynedd neu dair, mi oeddan ni'n codi mwy, a pan ddaeth *Chwarelwr* allan, er enghraifft, mi oeddan ni'n teimlo bod gynnon ni hawl i ofyn am fwy, achos roedd 'na alw amdanon ni!

Ar ôl gwerthiant llwyddiannus *Yr Wylan Wen*, roedd Sain ar y ffôn yn syth bìn, isio i ni wneud record arall. Ac felly buodd hi am tua pedair blynedd. Mi oedd Dafydd Iwan ei hun yn deud, yn 1993 dwi'n meddwl, nad oedd neb yn gwerthu

mwy na ni, ar wahân i'r ddau Bryn – Terfel a Fôn. Mi gafodd y tri ohonan ni, y ddau Bryn a John ac Alun recordiau aur gan Sain, ni am werthu tua 15,000 o *Chwarelwr* yn 1992. Mi oedd Sain yn byw ar y tri ohonan ni ar y pryd, mae'n siŵr. Mi oedd Trebor Edwards wedi bod, a Hogia'r Wyddfa, ac mi wnaethon nhw arian da arnyn nhw, sydd yn grêt i gwmni bach fel Sain mewn pentref bach fel Llandwrog, wrth gwrs. Gwerthu recordiau ydi eu busnes nhw wedi'r cwbl, ac mi oeddan ni'n cael croeso mawr bob amser yn Sain mae'n rhaid deud, ac mi fuodd Dafydd Iwan yn dda iawn wrthon ni hefyd ar hyd y blynyddoedd – clod lle mae clod yn ddyledus!

Mi fydda Dafydd yn canu yn Sioe Llanddarog, yng ngwaelod Sir Gaerfyrddin, bob blwyddyn, ac mi gawson ninnau wahoddiad ganddo fo i ganu yno dair gwaith, fel warm up. Nosweithiau da iawn, ac wrth gwrs roeddan ninnau'n cael cychwyn am adra'n gynt na fasan ni fel arfer, tasan ni'n cynnal y noson!

O edrych yn ôl rŵan, ar ôl dros 25 mlynedd yn y busnas canu 'ma, mi oeddan ni'n rhy naïf ar y dechrau. Doeddan ni ddim yn gwybod be i'w gymryd fel pres na chytundeb na dim. Argian, taswn i'n cael hwnna'n ôl, faswn i ddim wedi gwneud hanner be dwi wedi'i wneud am y pres dwi wedi'i gael!

Dydan ni ddim wedi cael ein 'gwneud' – naddo – ond dwi yn teimlo ein bod ni wedi cael ein camarwain hefyd, ynde. Dyna dwi'n feddwl. Doeddan ni ddim yn ymwybodol be oeddan ni'n ei arwyddo. Doeddan ni ddim yn gwybod ar y pryd mai rhyw 60% o hyn, a rhyw draean o hwn, a hyn a hyn o'r llall oedd hi.

'O Duw, mae'n siŵr bod o'n iawn ...' a'i arwyddo fo!

Ond erbyn heddiw dwi'n gwybod faint o bres sy'n bosib ei wneud ar albym. Rhyw 50c mae CD wag yn gostio i'w phrynu! I feddwl am y pres mae'r cwmnïau 'ma'n ei wneud efo'ch caneuon chi! Os ydach chi wedi recordio cân ar y teledu, iddyn nhw mae'r rhan fwyaf o'r arian yn mynd, a dim ond traean ohono fo y mae'r artist yn ei gael. Chydig iawn ydi o ar ddiwedd y dydd.

Mae pob dim rydan ni wedi'i recordio wedi bod efo Sain, ond mi ydan ni am wneud y nesa ein hunain. Mae gan Alun ryw stiwdio fechan yn ei dŷ, fydd yn fwy na digon da i wneud y basics.

Mi ydan ni wedi gwneud un albym yn Saesneg – *Country Favourites* – ar ein liwt ein hunain, ar gyfer ymddangosiad yn Sioe Llanelwedd ryw dro. Mae 'na bobol yn dod o bob man i fan'no, ac mi werthon ni 400 o gopïau yn y tridiau oeddan ni ar y bandstand yn y Sioe. Mi dalodd hynny am wneud y CD, ac mi gawson ni gigs yn ei sgil hi er mai yn Saesneg oedd hi. Felly mi ffeindion ni'r adeg honno be oedd yn bosib o fynd ar ein pen ein hunain.

Mi oeddwn i wedi bod awydd gwneud recordiad Saesneg erioed, jest i brofi pwynt ein bod ni'n gallu'i wneud o. Mae 'na rai o'r caneuon ar YouTube, er enghraifft ein fersiwn ni o 'Some Days Are Diamonds' (John Denver) ac mae 'na tua 3,000 wedi gwylio honno. Dydi o ddim yn ffigwr anferthol ella, ond 'di o ddim yn ddrwg chwaith. Mae 'na dros 24,000 wedi gwylio 'Chwarelwr' arno fo! 'Working Man' gan Rita MacNeil oedd y gân honno'n wreiddiol, ac mi gawson ni e-bost ar cin rhaglen radio ar BBC Radio Cymru un noson yn dweud bod 'na berthynas iddi wedi clywed 'Chwarelwr', a'i bod hi wedi deud wrth Rita a bod honno wedi gwirioni bod 'na fersiwn Gymraeg ohoni. Brynmor Griffith o Lyn Ceiriog wnaeth y geiriau Cymraeg, ac mi gyflwynodd nhw i mi yn y Pedigree, Croesoswallt un noson.

Mae llawer o'r caneuon wedi dod gan bobl oedd yn dod i'n gweld ni'n canu. Mae Glyn Roberts, er enghraifft, wedi sgwennu llawer o eiriau i ni, yn cynnwys un o'r ffefrynnau, 'Gafael yn Fy Llaw'.

Efo 'Chwarelwr' fyddan ni'n gorffen y set fyw fel rheol, ond weithiau mae rhywun yn teimlo fel gorffen efo cân arall. Nid ein bod ni wedi laru ei chanu hi, dwi ddim yn meddwl, na'r un gân arall tasa hi'n dod i hynny. Ond ella ei bod hi wedi mynd fel 'Yma o Hyd', Dafydd Iwan – hynny ydi wedi cael ei gor-chwarae ella.

Ond os ydan ni'n penderfynu gorffen efo cân arall, mae pobol yn ein pennau ni wedyn achos bod well ganddyn nhw 'Chwarelwr' i orffen noson, am bod pawb yn lecio cydganu efo ni arni.

Dwi'n lecio'r fersiwn ohoni wnaethon ni yng Nghyngerdd y Mileniwm, yn Neuadd y Brangwyn, Abertawe, yn y flwyddyn 2000, a cherddorfa'r BBC efo ni, La (Graham Land) ar y dryms, a Myfyr Isaac a Geraint Cynan yn y band. Mae hi'n adeiladu'n raddol at ddiweddglo 'mawr', a dwi'n hoff iawn ohoni, mae'n rhaid deud.

O bryd i'w gilydd mae pobol yn dod â geiriau i ni yn ystod gig, ac weithiau mi ydach chi'n sylweddoli'n syth nad ydyn nhw fawr o bethau ac yn eu stwffio nhw i'ch poced ôl a deud diolch yn fawr. Ond mae 'na rai sy'n taro'n syth. Mi oedd 'Chwarelwr' yn un. Doeddwn i erioed wedi clywed 'Working Man' ar y pryd hyd yn oed. Mi oedd mam Alun wedi'i chlywed hi ar y radio, ac felly dyma benderfynu ei thrio hi. Argian, o'r munud cyntaf roedd pobol isio'i chlywed hi eto. Dwi'n

meddwl mai yn y Marine yng Nghricieth wnaethon ni ei chanu hi gyntaf. Mi oedd gynnon ni gig yn fan'no bob mis ar un adeg – ac roeddan ni'n cael llond tŷ hefyd! Ew, mi oedd o'n lle da, a ninnau'n rwbath newydd hefyd mae'n siŵr.

Mi oedd canu gwlad wedi cael cyfnod poblogaidd iawn, efo artistiaid fel Doreen Lewis, Traed Wadin ac yn y blaen, ond mi stopiodd bob dim fel tasa pawb wedi colli diddordeb yn y math yna o ganu. Doeddan ni ddim yn ganu gwlad fel y cyfryw ar y cychwyn, doedd y stamp yna ddim cweit yn ein ffitio ni achos roeddan ni'n canu bob math o bethau gwahanol. Ond ar yr albym *Yr Wylan Wen*, roedd y gitâr ddur yn rhoi'r stamp hwnnw i ni'n syth, a dan y categori hwnnw roddodd Sain ni wedyn – doeddan *ni* ddim yn mynd o gwmpas yn deud mai deuawd canu gwlad oeddan ni, jest John ac Alun oeddan ni, yn canu bob math o bethau.

Ar yr albym ddwytha wnaethon ni, *Hel Atgofion*, does 'na ddim canu gwlad. Mae 'na un gân gan Dafydd Iwan, sydd hwyrach yn ffitio'r categori hwnnw – 'Lawr y Lôn', ond ar wahân i honno maen nhw'n hollol wahanol. A rŵan yn ein set fyw ni, mae gynnon ni dipyn go lew o roc a rôl.

Mi ydan ni'n gwneud gig flynyddol yn y pentref 'ma, 'Taran Tudweiliog'. A'r flwyddyn dwytha mi oedd Bryn Fôn a ninnau yno. Be oedd yn fy synnu i oedd bod y criw ifanc oedd yn dawnsio ac yn mwynhau yn y tu blaen yn gwybod geiriau nifer o'n caneuon ni. I feddwl bod 'na rai yn sôn nad oedd John ac Alun ddim digon cŵl i'r criw ifanc, ond mi wnaeth y noson honno ddangos eu bod nhw'n mwynhau pobol fatha ni hefyd. Yn y gân 'Gafael yn Fy Llaw' wnes i ddim byd ond canu un bennill, a stopio a dal y meic at y dorf, ac mi oeddan nhw i gyd yn canu! Ella eu bod nhw wedi'i chlywed hi gan eu rhieni ers talwm, 'run fath ag oeddwn i yn gwrando ar recordiau Mam pan o'n i'n ifanc!

Hwnnw oedd y tro cyntaf i ni rannu noson gyfan efo Bryn Fôn. Roeddan ni wedi rhannu llwyfan o'r blaen, ond efo artistiaid eraill hefyd. Ni oedd ymlaen gyntaf, wrth reswm, a dwi'n cofio Bryn yn cerdded yn ôl a mlaen tu ôl i'r llwyfan. Roedd hi'n ardal newydd iddo fo – rioed di bod yn D'weiliog yn canu o'r blaen. Pan ddois i oddi ar y llwyfan dyma fo'n deud, 'Duw reit dda hogia, mi fydd rhaid i ni drio dilyn hynna rŵan bydd!' Ond mi oedd o'n gwbod y bydda fo'n iawn, achos mi oedd 'na rai wedi bod yn gweiddi 'Bryn! Bryn! Bryn!' ers meitin.

Ond be ddangosodd y noson honno i mi oedd fod unrhyw beth yn bosib pan mae gynnoch chi fand da efo chi. Mi oedd John Williams o Lanfairpwll, sy'n chwarae piano a keyboards i fand Bryn Fôn, efo ni, ac mae o'n gerddor gwych. Gweddill y band y noson honno oedd Simon Barton o Langefni ar y drymiau, drymar da iawn sy'n chwarae'n aml efo ni erbyn hyn; Tudur Morgan, hefyd o Langefni, sy'n chwarae bâs a chanu efo ni'n rheolaidd – cerddor da sy'n ychwanegu llais arall at y sŵn; Alun Roberts (pwy?) ar y gitâr drydan a finnau ar y gitâr rhythm, ac roedd gynnoch chi fand bach digon tynn. Mi fyddan ni'n trio cael y lein-yp yna at ei gilydd pan fydd 'na noson fawr yn rhywle. Mae o wedi digwydd fwy a mwy yn ddiweddar. Mae nosweithiau fel'na'n curo noson mewn tafarn unrhyw ddiwrnod i mi.

Does 'na'm byd o'i le mewn canu mewn tafarn – fan'no dan ni wedi cael ein disgyblaeth. Ond weithiau rydach chi'n mynd i dafarn, dach chi'n sefyll yn fan'na ac mae'r gynulleidfa yn eich wynebau chi, heb lwyfan na dim byd, a fawr o le i droi. Mae 'na rywun yn yfad potal o gwrw o'ch blaen chi ac yn ei swingio hi o gwmpas ella, nes bod 'na deimlad reit annifyr weithiau, yn enwedig pan mae pobol wedi cael diod. Unwaith neu ddwywaith yn y 25 mlynedd dwytha mae o wedi digwydd lle mae pobol wedi dechrau ffraeo a chwffio, a dan ni wedi stopio canu, diffodd y PA, pacio'r cêsys a mynd adra. 'Os mai fel hyn ydach chi isio bod, dan ni'n mynd!'

Peth arall sy'n digwydd weithiau, a ninnau wedi bod wrthi'n chwysu am ddwy awr neu fwy, ydi bod y boi fu'n siarad a malu awyr wrth y bar drwy gydol y ddwy awr honno, yn dod atoch chi ar y diwedd a deud, 'Dach chi'm yn gorffan rŵan? Ff**** 'el, newydd ddechra dach chi!'

'Lle uffar ti 'di bod washi ers dwyawr?' fydda i'n ddeud!

Dyna ydi tafarn yn aml iawn, felly mae cael nosweithiau fel 'Taran Tudweiliog', o flaen rhyw 600 o bobl, yn brafiach, ac mae rhywun yn mwynhau'n well.

Mae lot o nosweithiau'n cael eu trefnu i godi pres at ryw achos da neu'i gilydd. Ac mi ydan ni wedi gwneud ein siâr o'r rheiny dros y blynyddoedd, ac wedi hel miloedd ar filoedd i wahanol bethau. Wrth gwrs, mae'r trefnwyr yn

ALUN A JOHN EFO AELOD O'R BAND
– JOHN WILLIAMS

disgwyl i chi ganu am lai o bres nag arfer.

Ond diwedd y gân 'di'r geiniog, ac mae pawb isio byw, tydi?

Am gyfnod, pan oedd y cyfresi teledu'n mynd a ballu, canu oedd fy mywoliaeth i. Mae o'n dal yn rhan ohono fo, ond dwi'n gwneud pethau eraill rŵan hefyd, fel peintio a ballu. Weithiau, os ydi hi'n digwydd bod yn dawel, mi ddudwn ni, 'Reit, mae'n rhaid inni wneud rhywbeth,' ac mi drefnan ni gig yn rhywle. Neuadd neu rwbath felly, yn hytrach na tafarn. Gawn ni lein-yp go lew at ei gilydd, trefnu'r noson, a'i gwneud hi, a dyna fo, ella bod gynnoch chi ryw jecan bach yn eich poced i gadw chi i fynd am ryw bythefnos/dair wythnos.

Mae hi wedi bod felly arna i, achos mi fues i'n byw arno fo am tua saith mlynedd. Dwi wedi trefnu nosweithau yn Theatr Pafiliwn y Rhyl, Neuadd Dwyfor Pwllheli, Theatr Twm o'r Nant Dinbych, Theatr Felin-fach. Pob math o lefydd. Mentro. Dod adra weithiau efo £15 yn eich poced i dalu am ddiesel i'r Volvo, ond wedi talu pawb arall – dyna'r peth pwysicaf! Tro arall roedd gynnoch chi fwy, ella.

Mi wnaethon ni bum cyfres deledu *John ac Alun*, a dwy gyfres o *Bws Gwlad*, a phan oedd gwaith fel hyn yn ei anterth, doedd hi ddim yn rhy ddrwg, wrth gwrs. Mi oedd gan Alun joban go lew efo'r Cyngor Sir, a phensiwn ynghlwm, a finnau'n hunan-gyflogedig a doedd o'm llawer o wahaniaeth cyn belled â mod i'n cael fy incwm.

Mi oedd 'na dipyn o bwysau yn dod efo'r cyfresi hefyd, cofiwch. Doedd o ddim yn fater o eistedd adra a disgwyl i bethau ddigwydd, mi oedd 'na waith i'w wneud. Mi fydda Hefin Elis o gwmni Tonfedd yn ffonio i ddeud, 'Rydan ni wedi cael cyfres arall, oes 'na ganeuon?'

'Nagoes, mae'r blydi lot wedi mynd ar y gyfres ddwytha!'

Wedyn roedd hi'n fater o ledaenu'r gair ein bod ni'n gwneud cyfres arall, a gofyn i bobl am ganeuon, a sgwennu rhai ein hunain. Mi fyddwn innau wedyn yn treulio fy amser yn hel geiriau a syniadau at ei gilydd. Mi oedd pobl yn gyrru geiriau – rhai'n dda, rhai ddim – a fi fydda'n mynd ati wedyn, am fod yr amser gen i, i sgwennu alawon a ballu. Yn ogystal â'r caneuon yn y stiwdio, mi oedd 'na fideo ar gyfer pob rhaglen, fideo go ddoniol neu un ddwys, wedyn mi oedd isio trio cael caneuon i ffitio i mewn efo hynny. Mi oedd o'n dipyn o waith.

Yn 1998 mi ddechreuon ni ein rhaglen radio ar BBC Radio

91

Cymru. Treial am flwyddyn oedd hi i fod. Efo honno, a'r gyfres deledu, a'r gigs a breindaliadau recordiau, mi oeddwn i'n teimlo fy mod i'n iawn am y flwyddyn. Roedd o'n gyflog rheolaidd. Cyflog oedd o hefyd – fedrwn i ddim deud fy mod i'n gwneud fy ffortiwn a miloedd yn y banc. Oeddan, mi oeddan ni'n gwneud arian ond roedd y dyn Treth Incwm isio'i siâr, ac mi oedd 'na gostau hefyd wrth gwrs.

Ar hyn o bryd peintio ydw i o ran gwaith, ond mae gen i fan sy'n handi iawn ar gyfer y swydd arall hefyd – sef John ac Alun wrth gwrs. Os oes gynnon ni gig ar nos Wener, dwi'n fistar arnaf fi fy hun felly mi fydda i'n dueddol o drio cadw'r diwrnod yn glir er mwyn hel y stwff PA a ballu at ei gilydd. Fydda i ddim yn addo llawer o ddim i neb ar fore Llun chwaith fel arfer, achos dwi ym Mangor ar nos Sul yn gwneud y rhaglen radio tan hanner nos, ac mae hi'n un o'r gloch y bore arna i yn cyrraedd adra, a dwi'n greadur sy'n methu mynd yn syth i'w wely! Mae'n rhaid i mi gael rhyw lymaid bach i ymlacio a dadweindio, neu mae'r adrenalin yn dal i fynd rownd! Felly rhyw ddiogi fydda i fore Llun. Ond mae'n braf achos dwi'n mwynhau be dwi'n ei wneud, ac nid pawb sy'n gallu dweud hynny.

Mae fama'n bell o bob man hefyd, a'r lonydd yn sâl. Mae isio cychwyn o 'ma awr dda yn gynt. Yr hen strej o D'weiliog i Bistyll, Llithfaen a lawr i Lanaelhaearn – dros yr Eifl fel fyddan ni'n ddeud. Mae 'na ddarn newydd wedyn sydd wedi gwneud coblyn o wahaniaeth, ond yn anffodus ges i fy nal yn fan'no un tro. Mi fues i yn y papur newydd a bob dim!

Gŵyl y Banc mis Mai 2008 oedd hi, a finnau ar frys i fynd i Fangor i recordio sgwrs efo Dylan Parry (Dylan a Neil). Mi oedd rhai o deulu'r wraig wedi galw acw, a finnau ddim yn lecio mynd tra'r oeddan nhw yno, nes roeddwn i ar binnau. VW Golf oedd gen i 'radeg honno, ac roeddwn i'n pigo Alun i fyny ar y ffordd. Dyma fo'n holi oedd gen i ryw gân arbennig i'w chwarae heno. 'Oes,' me fi, 'hon yli ...' a'i rhoi hi i mewn yn y peiriant. Wnes i ddim sylwi faint oeddwn i'n ei wneud. Dal i fynd, dal i fynd, a fel dach chi'n cyrraedd Gyrn Goch yn fan'no dyma fi'n sylwi ar olau glas yn y drych.

'Arglwy', mae hwn ar frys,' medda fi wrth Alun.

'Ym ... dwi'n meddwl mai ar dy ôl di mae o, Jôs,' medda hwnnw!

Ac roedd o'n iawn. Mi fu'n rhaid tynnu i mewn i'r gilfan. Mi oedd 'na arwyddion 30mya, a bagia plastig drostyn nhw. Ond mi oeddwn i'n gwneud 81mya! Dwi'n gwybod bod hynna'n swnio'n ofnadwy, ond efo ceir heddiw dydi rhywun ddim yn sylwi eu bod nhw'n mynd mor gyflym. Wrth gwrs, mi oedd y plismon wrth ei fodd. 'Paid â dreifio i'r cwrt,' medda fo, 'achos fyddi di ddim yn dreifio o 'na. Mi fyddi di wedi colli dy leisans.'

Gwneud ei job oedd o, dwi'n gwybod, ond doedd o ddim yn siarad Cymraeg ac mi oedd o'n rêl hen gocyn bach! 'Can't you read,' medda fo. Wel, mi oeddwn i'n gwneud yn fy nhrowsus bron! Ffonio'r wraig o Fangor i ddeud be oedd wedi digwydd, a wir, doedd gen i ddim awydd gwneud y rhaglen y noson honno! Ffonio fy nhwrnai, a gorfod disgwyl tan dydd Mawrth am ei bod hi'n ŵyl y Banc, oedd yn gwneud pethau'n waeth. Roeddwn i'n hel meddyliau am y peth, ac yn gweld bai arnaf fi'n hun yn ofnadwy.

Mi ddudis i be oedd wedi digwydd wrth fy nhwrnai, ac roedd hwnnw'n amlwg wedi sylwi ar rywbeth yn yr hyn ddywedais i.

Be ffeindiodd o oedd nad oedd y lôn wedi'i chofrestru gan y Cyngor Sir. Felly, pishyn o gae oedd y darn lle roeddwn i'n gwneud 80mya, bythefnos ynghynt! O hynny ymlaen mi aeth yr hanes i'r papur newydd, a bu'n rhaid talu 'nôl £20,000 neu rwbath felly mewn dirwyon i bobl eraill oedd wedi cael eu stopio yno. Felly mi wnes i a a fy nhwrnai ffafr fawr i rywun, do?

Ond mi ddysgais i wers hefyd, a dwi wedi bod yn ofalus wedyn.

Mae'n siŵr mai hwnna oedd yr ugeinfed tro i mi gael stop gan yr heddlu yn y 25 mlynedd dan ni wedi bod wrthi. Mae rhywun ar y lôn yn hwyr yn nos, tydi? Mae hi'n ddau neu dri o'r gloch y bore arna i'n cyrraedd y tŷ 'ma weithau! Anaml iawn fyddan ni'n aros yn unlle rŵan. Y drwg ydi, os ydach chi'n aros dros nos, mi ydach chi'n cymryd diod bach ella, ac wedyn yn methu cychwyn ben bore, ac mae hanner eich dydd Sul chi'n mynd hefyd yn teithio'n ôl. Nid dim ond nos Sadwrn ydi o. Mae'r *dydd* Sadwrn yn mynd yn paratoi ac yn trafaelio i'r gig, ac os ydach chi'n aros mae 'na ddiwrnod arall yn mynd i ddod yn ôl. Mi oedd 'na gyfnod pan oeddan ni i ffwrdd o adra bob yn ail benwythnos. Pan dawelodd pethau efo canu gwlad, mi ddaethon ni ar y sin, ac mi oedd 'na fynd diawledig wedyn – mi oeddan ni i lawr yn y de yn amlach nag oeddan ni adra, bron! Mi faswn i'n medru mynd ar automatic pilot i rai o'r llefydd 'ma rŵan.

Mi oeddan ni'n ôl ac ymlaen i Grymych, Abergwaun, Hendy-gwyn ar Daf, (yn y clwb rygbi yn fan'no, lle roedd Mike Phillips yn chwarae, a'i dad yn un o'r trefnwyr), Aberteifi, Llechryd, Nant y Ffin, Tafarn Beca yn Nhre-lech a Neuadd Meidrym. Y math yna o lefydd.

Sôn am Meidrym, fan Citroen oedd gen i yr adeg honno, a gwydrau ar ei hochr hi, a'r gêr yn y cefn. Mi oedd gan dad garej, ac roedd o newydd roi serfis i'r fan 'ma. Mae'n siŵr ei fod o wedi deud wrtha i bod angen newid olwyn neu rwbath, ac mi wnes i dynhau'r powltiau a ballu, ac i ffwrdd â ni. Mynd rŵan o Gaerfyrddin am Sanclêr, a chyrraedd y troead i'r dde am Meidrym, lle mae angen mynd i ganol y lôn i droi, a chroesi'r lôn arall. Wel, mi oeddan ni wedi bod yn clywed rhyw sŵn bob hyn a hyn ers dipyn, ac Alun yn holi, 'Ydi'r petha 'na'n saff gen ti yn tu ôl 'na, Jôs?'

'Duw ydyn,' medda fi.

Ond pan wnes i droi, dyma 'na ddiawl o glec. Mi oedd tair wheel-nut ar yr olwyn ôl ar ochr y dreifar wedi mynd i rywle! Doedd 'na mond un yn dal yr olwyn ac mi oedd honno wedi llacio! Tynnu dwy nytan o'r ochr arall wnes i, a'u rhannu nhw, a felly buon nhw tan gyrhaeddon ni adra i Ben Llŷn. Mi oeddwn i'n ddu bitsh yn cyrraedd y gig honno ym Meidrym!

Roedd 'na noson fawr yn Neuadd San Pedr Caerfyrddin bob blwyddyn hefyd. Hogia'r Wyddfa, Dafydd Iwan, Hogia Llandegai, a phawb yn aros yn y Priordy. Mi oedd y cyngerdd yn fan'no wedyn yn well na'r cyngerdd swyddogol! Now Hogia Llandegai yn mynd trwy'i bethau hefo'i lwyau, a ballu! Nosweithiau da a dyddiau difyr!

ALUN YN EI MHORIO HI EFO HOGIA LLANDEGAI

☆ JOHN CARADOG ☆
y Bala

Dwi'n cofio John ac Alun yn dod i'r Bala am y tro cyntaf, i ganu yn y Ship. Roedd hynny reit ar y cychwyn, a dwi'n eu dilyn nhw byth ers hynny. Mi oedd nifer ohonan ni wedi cymryd atyn nhw, a be oeddan ni'n wneud oedd llogi bws mini Ysgol y Berwyn i fynd i'w gweld nhw. Croesoswallt, Cricieth, Caernarfon, Corwen, Wrecsam, Dolgellau, Bryn Morfydd rhwng Rhuthun a Dimbech – mi oedd honno'n sioe Nadolig bob blwyddyn. Mi oeddan ni'n mynd i bob cyfeiriad. Lle bynnag oeddan nhw, mi oeddan ninne'n landio yno! Mi aeth rhai o'r criw i'r de i'w gweld nhw unwaith hefyd, ond fues i ddim y tro hwnnw. Llond bws mini bob tro, a gorfod gadael rhai ar ôl am nad oedd digon o le i bawb. Fi oedd yn dreifio fel arfer, felly mi oeddwn i'n iawn am le! Mi fuon ni yn Lisdoonvarna efo nhw am wythnos, yn Galway, ac yn Amsterdam ddwy waith.

Y math o fiwsig sy'n apelio i mi. Canu gwlad – does 'na ddim byd tebyg iddo fo, ac mae John ac Alun yn wych. 'Chwarelwr' ydi fy hoff gân i ganddyn nhw, heb os. Mae'r geiriau ar wal y gegin gen i – rhodd i mi pan oeddwn i'n 60 – y rhodd orau ges i rioed!

Maen nhw'n heneiddio fel finne rŵan, ond maen nhw'n dal yn boblogaidd. Fydda i ddim yn mynd mor aml i'w gweld nhw y dyddie yma – mae'n costio cymaint i deithio a mynd allan, ond mi fydda i'n dal i drefnu ambell noson yn y Bala 'ma. Mae hi wastad yn troi allan yn noson wych yn eu cwmni nhw, lot o hwyl a miwsig da. Do, dwi wedi cael dyddiau hapus iawn, diolch i John ac Alun.

TEIMLAD O BERTHYN

NIA LLOYD JONES

**(CYNHYRCHYDD RHAGLEN JOHN AC ALUN.
BBC RADIO CYMRU AR HYN O BRYD)**

Un peth ddeuda i am John ac Alun ydi bod y criw
sy'n gweithio ar y rhaglen – un ai'n helpu efo'r
ffônau neu i mewn yn cynhyrchu – wrth eu bodd yn
gweithio efo nhw. Does 'na byth broblem cael
rhywun i weithio ar raglen *John ac Alun*, os ydi un o'r criw yn
methu dod i mewn am ryw reswm.

Mae'r teimlad 'na o berthyn yn gryf iawn – mae o fel triongl
mewn ffordd rhwng John ac Alun, ni fel staff, a'r gwrandawyr.
Mae ganddyn nhw'n bendant berthynas agos iawn, iawn efo'r
gwrandawyr. Mae 'na bobl yn ffyddlon iawn, ac yn ffonio'r rhaglen
yn gyson bob wythnos. Mae 'na eraill yn ymateb iddyn nhw.

Un o'u cryfderau nhw ydi eu bod nhw'n mynd allan i ganu, wrth gwrs, ac
felly'n dod i gysylltiad â'u cynulleidfa.

Maen nhw'n rhoi llawer o sylw i gerddoriaeth, ac yn dod â'u dewisiadau nhw'u
hunain i mewn i'w chwarae ar y rhaglen, ond ambell dro maen nhw'n mynd ar ôl
pethau eraill sydd a wnelo nhw ddim oll â cherddoriaeth! Er enghraifft, yn
ddiweddar mi aethon nhw ar ôl yr enw Cymraeg am '*blueberry*', ac mi aeth hyn
ymlaen am ddwy neu dair rhaglen efo pobol yn cysylltu i sôn am y peth. Mae 'na
andros o ymateb ar y ffôn ac ar y tecst bob wythnos, ac mae 'na rai yn cysylltu
bob wythnos i ddweud eu hanes – fel tasan nhw'n deulu.

Maen nhw'n ddau wahanol sy'n gweithio'n dda iawn efo'i gilydd, ac yn nabod
ei gilydd mor dda. Bron iawn na faswn i'n dweud eu bod nhw'n darllen
meddyliau ei gilydd bellach.

John ydi'r un sy'n edrych ar ôl y ceisiadau. Mae o'n mynd i'w fag ac yn

ffeindio rhyw ddarnau o bapur y mae pobol wedi eu rhoi iddo fo mewn rhyw gig neu'i gilydd.

Alun ydi'r boi technegol ar y ddesg, sy'n andros o dda ac wrth ei fodd yn gwneud y sỳms ynglŷn â'r amseru ac ati, ac sy'n gwybod i'r eiliad pryd mae isio mynd i'r gân olaf. Mae o'n drefnus iawn felly. Mae John yn fwy *relaxed*, ddudwn ni felly!

Maen nhw'n cyrraedd y stiwdio fel arfer o gwmpas 7.45pm neu 8pm (mae'r rhaglen yn mynd allan rhwng 9 ac 11pm), ond y gamp fwyaf ydi cael y ddau i mewn i'r stiwdio i ddechrau paratoi pethau! Ac os ydi Dei Tomos yn digwydd bod yn recordio'i becyn amaeth hefyd y noson honno, wel, rhad arnon ni – mae 'na hen janglo wedyn, ac weithiau mae'r tri yn mynd efo'i gilydd i mewn i'r stiwdio, yn dal i siarad!

Yn sicr mae gan John ac Alun rywbeth sbesial iawn, ac mae pawb sy'n rhan o'r rhaglen yn gytûn ei bod hi'n bleser gweithio efo nhw. Daliwch ati, hogia!

Y CYFLE MAWR CYNTAF

PENNOD 6

☆ JOHN ☆

oeddan ni wedi bod yn canu mewn llefydd fel Ysgol Llidiardau, neuaddau ysgolion a rhyw ganolfannau bach, ond ymddangosiad mewn cartref henoed, o bob man, oedd ein cyfle mawr cyntaf ni.

Mi fuon ni'n canu yn Plas y Don Pwllheli, a metron fan'no oedd Gwyneth Thomas, sef mam Rowenna Thomas, a oedd yn gweithio i gwmni HTV yng Nghaerdydd. Diolch i Gwyneth, mae'n rhaid ei bod hi wedi sôn wrth Rowenna, a hithau'n deud bod y cwmni'n digwydd bod yn chwilio am artistiaid ar gyfer rhaglen newydd o dalentau lleol – *Noswaith Dda Mr Roberts*, efo Cefin Roberts.

I lawr â ni i stiwdios HTV yng Nghroes Cwrlwys, Caerdydd ac roeddan ni'n cael aros mewn gwesty a phob dim – dipyn o newid byd i'r hogia! Brian Breese oedd y cyfarwyddwr cerdd, a phobol fel Myfyr Isaac a Geraint Cynan yn y band. Gitâr 12-tant Eko oedd gen i, wedi'i chael hi o gatalog. Mae'n siŵr nad oeddwn i wedi newid tannau ers 1906, a dyma Brian Breese yn gafael yn y gitâr, 'Hmm. When did you last change your strings?' medda fo.

'Duw, I can't remember,' me fi.

'Well,' medda fo, 'I'd say you bought this guitar brand new, and these bloody things have been on it since then!'

Wedyn dyma fo'n gofyn oeddwn i wedi strejio'r tannau cyn eu tiwnio nhw.

'Ew, what d'you mean?' me fi.

'Like this,' medda fo, a dyma fo'n tynnu yn y tant cyntaf. Ping! Torri! 'Run fath efo'r nesa. Ping! Y string yn torri, a 'run fath efo'r nesa, a'r nesa nes yn y diwedd dim ond pump tant oedd gin i ar ôl, a honno'n gitar 12-tant! Doedd hi ddim i'w chlywed ar y recordiad hwnnw! Sgwn i pam?

Mae'r hen Eko wedi mynd, ond mae gen i gitarau Hohner, Takamine, Yamaha a Larrivee adra, ond mae Alun yn waeth am hel na fi. Mae gynno fo lwythi ohonyn nhw!

Beth bynnag, ista ar stôl yn y stiwdio wedyn yn canu 'Sipsi Fechan' – wedi gwneud geiriau Cymraeg Gareth Williams i gân Don Williams, 'Gypsy Woman', a'r ddau ohonan ni'n sbio fel tasan ni wedi llyncu uwd ffordd groes.

'Gwenwch, hogia,' medda Rowenna yn y cefn.

Mi oeddan ni fatha dau zombie. Ond roedd o'n rwbath hollol newydd i ni yn doedd? Camerâu yn bob man a ballu. Mi wnaethon ni ganu'n iawn beth bynnag, a chael £300 am ein trafferth!

Yna, yn 1988 daeth y rhaglen *Gweld Sêr*. Rhaglen dalentau lleol eto, lle roedd chwe artist ar bob rhaglen, a chwe rhaglen a'r goreuon yn cystadlu yn y rownd olaf ar y diwedd. Mi fuon ni'n fuddugol yn ein grŵp ni, ond merch o'r enw Sharon Phillips o Sir Gaerfyrddin enillodd y rownd derfynol, ninnau'n ail a Broc Môr – Dafydd ac Alun, dau frawd o Fodedern, Môn – yn drydydd. Da di'r hogia. Mi fydda i'n lecio nhw. Mae ganddyn nhw leisiau da, sy'n asio'n wych, fel y byddech yn ei ddisgwyl efo dau frawd mae'n siŵr. Ond o'r tri, mae'n siŵr mai ni gafodd y mwyaf o sylw wedyn.

☆ MYND I'R STIWDIO ... ☆

Mi oedd Angharad, y wraig, wedi ffonio Sain ar ôl *Noswaith Dda Mr Roberts*, i weld oedd 'na obaith i ni wneud casét, ond doedd Dafydd Iwan ddim wedi'n clywed ni, a doedd ganddo fo fawr o ddiddordeb ar y pryd, sy'n ddealladwy. Beth bynnag, dair wythnos ar ôl i *Gweld Sêr* orffen mi gawson ni alwad ffôn ganddo fo. 'Meddwl sa chi'n lecio dod draw i'r stiwdio am sgwrs ...'

Grêt! Wel, mi oeddan ni wedi canu 'Weithiau Bydd y Fflam', un o ganeuon gorau Dafydd, ar y gyfres, ond dwi'm yn honni am funud bod wnelo hynny ddim â'i benderfyniad o, cofiwch! Angharad oedd wedi'i chlywed hi a meddwl ei bod hi'n gân neis ac y basa hi'n gweithio'n dda i ni. Gwir y gair, a da iawn hi!

Mi gawson ni wahoddiad i recordio efo nhw – *Yr Wylan Wen* oedd enw'r albym ac Emyr Rhys oedd y cynhyrchydd. Ar ôl trafod, a dod o hyd i ganeuon addas ac ati roedd hi'n 1990 arnon ni'n mynd i'r stiwdio ac roedd hi'n 1991 erbyn i *Yr Wylan Wen* hedfan! Mi werthodd hi filoedd o gopïau, and the rest is history, fel maen nhw'n deud. (Mi ddaeth hi allan ar CD wedyn, efo detholiad o ganeuon oddi ar rai o'n recordiau eraill.)

Mi oedd gan Dafydd Iwan gyfres o gyngherddau i lawr yn y de, ochrau Caerfyrddin ffor'no ar y pryd, ac mi aeth â bocsiad o'r casetiau i lawr efo fo, ac mi werthodd o'r cyfan. Mi oedd o'n un da am ein hyrwyddo ni, chwarae teg.

☆ TEITHIO I'R DE ☆

Mi oedd y galwadau'n dechrau dod i fynd i lawr i'r de erbyn hyn, ac mi ddaethon ni'n ffrindiau da efo llawer iawn o bobl dros y blynyddoedd. Dau o'r rheiny oedd Ian a Morwenna o Dre Ioan, Caerfyrddin (doedd fiw deud Johnstown efo Ian, neu fe fydda'n dweud, 'Cymro ydw i achan, nage Sais, felly Tre Ioan amdani.' Neu Tre Ian weithia!

Roedd Ian a Morwenna'n rhai da am drefnu nosweithiau, ac roeddan ninnau'n aros yn eu tŷ nhw bob tro yr oeddan nhw'n ein gwahodd ni. Mi oedd Ian yn un garw am wneud cwrw cartref yn ei sied ym mhen draw'r ardd. Ac, wrth gwrs, mi wnaethon ni ei brofi fo lawer gwaith pan oeddan ni'n aros efo nhw. Ew, dyna i chi stwff oedd hwnnw! Roedd ganddo fo gic fatha mul – dau ful – faswn i'n deud.

Dwi'n cofio un noson yn arbennig, pan oedd Hogia Llandegai a ni yn aros efo nhw. Roedd Ian a Morwenna yn trefnu cyngerdd blynyddol yn Neuadd San Pedr, Caerfyrddin, efo nifer o wahanol artistiaid, a hwn oedd y tro cyntaf i ni gymryd rhan. Mi oeddan nhw wedi mynnu ein bod ni'n bwyta yn eu tŷ nhw cyn y cyngerdd, ac wrth gwrs, mi ddaeth y cwrw cartref allan. Ac mi ddaeth o hefo ni i'r stafell newid yn y neuadd hefyd!

Alun Williams oedd i fod i gyflwyno'r noson, ond yn anffodus, bu farw ychydig ddiwrnodau ynghynt, ac mi ofynnwyd i Hywel Gwynfryn gymryd drosodd ar y funud olaf. Mi oedd o'n fy nghofio i o ddyddiau'r Melinwyr, yn Steddfod Cricieth yn 1975, pan ddudodd o wrthon ni am ganolbwyntio ar ganeuon Cymraeg, gwreiddiol. 'Honno ydi'r ffordd ymlaen, hogia,' medda fo. Beth bynnag i chi, pan glywais i Hywel yn deud, 'Dyma nhw i chi, talent newydd sbon o Ben Llŷn ... John ac Alun!' roeddwn i'n teimlo fy nghoesa bron â rhoi o danaf. Roeddwn i wedi cael o leiaf ddau beint o'r hôm brŵ, doeddwn? Ond mi roddodd o ryw nerth i mi hefyd, ac yn bersonol, dwi'n meddwl fy mod i wedi canu fel eos y noson honno! Mi oeddwn i wedi rhoi fy mryd ar ei wneud o'n iawn, roedd hi'n gynulleidfa newydd i ni, ac roeddwn i'n benderfynol o wneud argraff go lew.

Mi oedd y cyngerdd yn dda, ond mi oedd y parti wedyn yn well byth! Mi fuo ni'n canu yn fan'no tan yr oriau mân, a'r cwrw cartref yn llifo, nes doedd gen i ddim pwt o lais erbyn y bore!

Y drwg oedd ein bod ni'n mynd ymlaen y diwrnod wedyn i ganu yn y Rock and Fountain yng Nghynwyl Elfed! Mi oedd Len oedd yn cadw'r dafarn honno yn cael ei ben-blwydd, ac roedd Ian yn ffrindiau mawr efo fo felly roedd o wedi trefnu bod John ac Alun yn canu yno ar y nos Sul. Mi aeth yn iawn, dwi'n meddwl, ond argian, mi oeddwn i'n sâl fel ci y bore hwnnw, a dwi'n cofio Alun yn cerdded o Dre Ioan i Gaerfyrddin i drio clirio'i ben. Fel'na oedd hi yr adeg honno, roeddach chi'n cael drinc gan hwn a drinc gan y llall ar ôl noson dda, a dydi rhywun ddim isio bod yn anniolchgar, nag ydi?! Welis i rai yn dreifio'n fan ni yn ôl i lle bynnag oeddan ni'n aros er mwyn i ni gael llymaid bach! A sawl bore Sul roedd rhaid i ni stopio yn rhywle ar y ffordd adra am bod Alun neu fi'n teimlo'n sâl.

Alun wnaeth y classic – agor y drws i chwydu, a finnau wrthi'n talu'r doll ar Gob

ANN, GWRAIG LEN, ROCK AND FOUNTAIN

Porthmadog ar y pryd! O sbio'n ôl, dwi'n siŵr nad oeddan ni'n ffit i ddreifio weithiau, er ein bod ni'n aros tan y prynhawn cyn cychwyn adra os oeddan ni wedi cael noson hwyr iawn. Yn lle mynd i'n gwlâu yn gall!

Dwi'n cofio aros mewn ryw dafarn fach yn Meinciau, Mynydd y Garreg ffor'no, ar ôl bod yn canu yn y pentref. Doedd 'na'm cau yn eu hanes nhw! Dei, y tafarnwr, a'i wraig yn rhoi croeso mawr i ni. Hanner nos, un o'r gloch y bore, a neb yn meddwl mynd adra!

Mynd i'n gwlâu tua 3.45am, ac roedd gynnon ni fedydd y diwrnod wedyn yn D'weiliog 'ma. Ac mi oeddan ni'n cychwyn o'r lle am 8.30am yn y bore. Fi oedd yn dreifio, a rhyw dair awr a hanner o gwsg oeddwn i wedi'i gael. Wrth ddŵad drwy Blaenplwyf yn fan'na, mi oedd 'na Land Rover o mlaen i, a golwg y diawl arni. Lampau'n hongian a ballu. Ta waeth, dwi'n cofio'i phasio hi a be oedd 'na ar ochr y lôn ychydig bach wedyn ond car plisman! Dyma fo'n fy nhynnu i i mewn, a dyna'r adeg dwi wedi teimlo salaf erioed, am wn i!

'Mae'r byd ar ben rŵan,' medda fi wrth fi fy hun. Cymro oedd o, boi clên, a dyma fo'n gofyn oeddwn i'n gwybod pam yr oedd o wedi fy stopio i.

'Na wn i, mae'n ddrwg gen i, oni bai am basio'r Land Rover,' medda fi.

'Ie,' medda fo, 'Roeddach chi'n contravening a white line, ac fe dynnoch chi mewn lle roedd 'na dip yn y lôn. Lle peryg am ddamwain. Dewch i'r car,' medda fo.

Dyma hi, medda fi, mae hi'n dominô rŵan, ond y cwbl wnaeth o oedd holi lle oeddan ni wedi bod a lle roeddan ni'n mynd. Mi oedd o wedi checio'r fan a bob dim, a dyma fo'n gofyn lle roedd yr orsaf heddlu agosa i ni. A wedyn dyma'i ffôn o'n canu. 'Yes, OK,' medda fo, 'I'm on my way.'

A dyma fo'n ymddiheuro a deud bod rhaid iddo fo fynd, am fod rwbath wedi digwydd yn rhywle. Ond roeddan ni i fod i fynd â rhyw bapurau i orsaf Pwllheli o fewn saith diwrnod. Wel, sôn am ryddhad! 'Ew, oedd honna'n close shave,' me Alun. 'Sut ddiawl ddes ti allan o honna?'

Roeddwn i'n teimlo'n iawn, neu faswn i ddim wedi dreifio, ond wn i ddim be fasa wedi digwydd taswn i wedi cael y bag, chwaith!

Mi wnaethon ni stopio mewn caffi ar y ffordd am banad a rwbath i'w fwyta ac i ddod ataf fy hun, ac mi fuo ni yno am hydoedd. Dyna'r tro cyntaf, a'r tro dwytha i hynna ddigwydd. Fyddan ni byth bron iawn yn aros dros nos y dyddiau yma.

Droeon eraill welish i blisman efo tortsh yn ein stopio ni yn ganol nos yn rhywle. 'Duw, rhen hogia. Lle dach chi di bod? Mond checio i weld ydi bob dim yn iawn. Dyna fo. Hwyl!'

Dwi wedi cael pwyntiau ar fy leisans am or-yrru fwy nag unwaith, ond mae rhywun yn mynd yn llawer mwy gofalus wrth fynd yn hŷn.

☆ GORMOD O CHERI BINCS? ☆

Dwi'n cofio ni'n aros efo gŵr a gwraig yn Llanwddyn ryw dro, a hwythau, chwarae teg, yn cynnig ein dreifio ni adra ar ôl y gig, er mwyn i ni gael drinc bach. Dyna lle roeddan ni wedyn yn eu tŷ nhw, yn trio bod yn neis, a ninnau wedi cael rhyw cheri bincs neu ddau! Mae Alun yn ffrâm llai na fi, ac mae o'n mynd i'w ben o fymryn yn gynt, ac mi oeddwn innau'n chwerthin wrth ei glywed o'n trio bod yn neis a'i dafod o'n dew. Mwya'n byd oedd o'n trio peidio, gwaetha'n byd oedd o'n mynd! Wel, sôn am chwerthin wedyn! Petha fel hyn mae rhywun yn gofio wrth edrych yn ôl dros y blynyddoedd.

☆ NICYRS DY WRAIG ☆

Dach chi wedi clywed y gân 'Trôns dy Dad' do, gan Gwibdaith Hen Frân? Wel, mi fuo bron i ni sgwennu un o'r enw 'Nicyrs dy Wraig'! Un tro, a ninnau isio mynd i Dalgarreg i ganu ryw nos Wener, mi ruthris i braidd yn ormod wrth hel fy mhethau. Mae Angharad yn smwddio bob dim, sana, tronsia bob dim, a be wnes i oedd gafael mewn bwndal yn sydyn a rhoi nhw yn y bag. Duwcs, pan o'n i'n newid trôns nos Sadwrn, ges i sioc o ffeindio mai nicyrs du oedd yn y bag, a dim math o drôns! Mi ddudodd Alun ar y llwyfan y noson honno, 'Os ydach chi'n clywed John yn canu'n uchel heno, nicyrs y wraig sydd gynno fo amdano!'

☆ GWAEDU DROS FY NGHREFFT ☆

Mi ydan ni'n dau yn lecio dipyn o hwyl, ond rydan ni wastad o ddifri ynglŷn â pherfformio. Ac mi fedra i ddeud heb boeni o gwbl fy mod i wedi gwaedu dros fy nghrefft unwaith hefyd. Roeddan ni'n canu yn Aberffraw, Sir Fôn, un tro ac roeddwn i newydd gael triniaeth ar fy nghoes ar y pryd i dynnu *varicose veins*, ac felly'n gorfod eistedd ar stôl i ganu. Yn ganol y set mi gollais i fy malans wrth ymestyn am y gitâr, a dyma fi'n disgyn ar fy nhin! Ond wrth wneud hynny, mi dynnais lîd y gitâr o'r amp, ac mi hitiais i dop fy llygad efo'r gitâr! Wrth gwrs roedd y peth yn ddoniol iawn i bawb arall, ac roeddan nhw'n rowlio chwerthin nes gwelson nhw mod i'n piso gwaedu fel mochyn! Roeddwn i'n gweld sêr hefyd. Ond ar ôl cael dipyn o dendans, aethpwyd ymlaen â'r sioe.

Ond nid dyna ddiwedd yr anlwc y noson honno chwaith.

Ar y ffordd o'r gig mi ddywedodd Alun ei fod o'n gwybod am short cut.

'Iawn,' me fi, 'awê.'

Ond diawch, roedd y lôn yn mynd yn gulach ac yn gulach, nes daeth hi'n amlwg nad oedd o'n short cut i nunlle, mond i drybini, ella! Wrth i Alun fagio'r fan yn ôl er mwyn troi rownd, dyma 'na glec! Roedd o wedi taro giât haearn, ond wrth fynd i weld be oedd yn bod, mi sathrodd y creadur mewn cacan o gachu gwartheg meddal, a llithro ar ei hyd yn ganol y llaid. Chwerthin? Ond doedd yr ogla uffernol oedd yn y cab wedyn ddim yn jôc chwaith, coeliwch chi fi!

Y SIN GERDDOROL

PENNOD 7

☆ ALUN ☆

ydi'r sin gerddorol yng Nghymru heddiw ddim yn cymharu efo sut oedd hi ychydig flynyddoedd yn ôl. Mae hi wedi distewi'n ofnadwy yn gyffredinol, nid dim ond i John ac Alun, ond i bawb.

Rydan ni wedi cael cyfnodau hurt o brysur yn ystod y 25 mlynedd dwytha 'ma. Be oeddan ni'n wneud oedd cael cynnig gig yn y de, ddudwn ni, ac wedyn trefnu noson arall ein hunain. Os oedd y gig ar nos Wener, trefnu noson yn rhywle ar y nos Sadwrn, ac fel arall. Ar un adeg roeddan ni mor brysur, roedd y dyddiadur yn llawn am ddwy flynedd gyfan.

Welish i ni'n canu yn yr Emlyn Arms, Castellnewydd Emlyn dair nos Sadwrn ar ôl ei gilydd, a'r rheiny'n orlawn bob tro!

Mi ydan ni wedi gwneud ffrindiau da ymhob cwr o'r wlad, ond yn fwy na hynny, mae gynnon ni berthynas efo rhai ohonyn nhw. Mi ydan ni wedi bod i gynhebrwng un neu ddau ac wedi canu ym mhriodas ambell un.

Pan symudon ni yn ôl i'r gogledd o Lundain, roedd y tŷ angen ffenestri newydd. Ond wnaethon ni ddim gwneud dim byd am y peth am flwyddyn neu ddwy, ac erbyn hyn roedd John ac Alun yn bod. Beth bynnag, gŵr o'r enw Vernon o Lanfihangel-ar-arth osododd y ffenestri i mi. Rhywun yr oeddwn wedi taro ar ei draws yn ystod un o nosweithiau John ac Alun. Mi ddaeth i fyny i D'weiliog i roi pris i mi – a hwnnw'n bris afresymol o resymol chwarae teg – ac mi ddaeth dau ohonyn nhw i fyny wedyn i osod y ffenestri ac aros yn y Lion am dair noson. Y math yna o berthynas yr ydan ni wedi'i gael efo pobol.

Does 'na'm amheuaeth, mae bod yn John ac Alun yn agor drysau o bryd i'w gilydd. Dwi wedi bod yn ymwybodol o hynny ar fwy nag un achlysur yn y blynyddoedd dwytha 'ma – yn Ysbyty Gwynedd, er enghraifft. Oherwydd y sefyllfa dwi wedi bod ynddi yn ddiweddar efo Mam ddim yn dda, dwi wedi gorfod mynd yno'n weddol aml. Dwi wedi cerdded i mewn i Ysbyty Gwynedd efo bois yr ambiwlans, ac yn amlwg mae 'na rywun o'r staff wedi fy nabod i, a dach chi'n eu clywed nhw'n deud 'Hei, Alun 'di hwnna, o John ac Alun.'

Ac wedyn mae hi'n: 'Dewch drwodd i fama ylwch ...' Mi ydach chi'n cael gwasanaeth yn syth. Mae o wedi digwydd i mi ac mae o wedi digwydd i John. Cofiwch, tydi o ddim yn digwydd bob tro, ac mae'n rhaid i mi ddisgwl fel pawb arall!

Hefyd, mi ges i gyfnod pan oeddwn i'n meddwl yn siŵr fod 'na rwbath yn bod efo fy ngwddw i – rhyw hen deimlad fod 'na asgwrn sgodyn yn sownd ynddo fo drwy'r amser. Wedyn mi ddechreuais i gael trafferth llyncu, a wnes i ddim lol ond mynd at y doctor yn syth.

'Wnawn ni ddim ystyried y trydydd peth, felly mae 'na ddau bosibilrwydd,' medda fo.

Wrth fynd yn hŷn, ac wrth fy mod innau'n smocio ac yn canu, mae cefn y gwddw'n llacio, ac mi all greu pocad fach lle mae bwyd yn gallu hel, medda fo. Neu fe allai gael ei achosi gan asid yn dod i fyny o'r stumog. Y trydydd peth oedd canser wrth gwrs.

Dim ond wythnos gymerodd hi i mi gael llythyr yn deud wrtha i fynd i Ysbyty Gwynedd i gael camera i lawr fy ngwddw i weld be oedd yn mynd ymlaen. *Severe reflux* oedd y broblem, sef asid yn dod o'r stumog, ac mi ges i dabledi a dwi wedi bod yn iawn ers hynny. Rŵan, dwi ddim am funud yn deud ei fod o'n wir, ond mi fydda i weithia yn cael y teimlad fod yna rhai *fringe benefits* o fod yn John ac Alun ac efallai ein bod yn cael gwasanaeth neu sylw gwell na'r arferol ar adegau.

'Sgiws mi, dw iw no wer
Norman Wissdym lifs?'

Nigella Cymru?'

Chwilio am Norman ar Ynys Manaw

Nadolig Llawen!

☆ FFRINDIAU A'R CWRW CARTREF ☆

Mae 'na rai o'r gogledd 'ma wedi dod efo ni i lawr i'r de ac wedi gwneud ffrindiau am oes yno, ac fel arall. Bysiau yn dod i fyny o'r de i Landudno 'n gweld ni'n canu yno. Mae 'na rwydwaith o bobol yn nabod ei gilydd rŵan oherwydd John ac Alun!

Mae pobol wedi bod yn dda iawn efo ni, yn rhoi llety i ni, a bod yn dacsi i ni yn aml iawn hefyd, yn ein dreifio ni'n ôl i'w tŷ nhw ar ôl gig, er mwyn i ni gael ymlacio. Chewch chi ddim gwell na hynna!

Dwi'n cofio ni'n canu yn neuadd Meidrym, a'r drefn yn fan'no oedd bod pawb yn dod â'i gwrw neu ei win ei hun i'r neuadd. Doeddan ni ddim wedi meddwl dod â dim efo ni. Heddiw mi fasan ni'n gofyn am banad o goffi ella, ond bryd hynny *anything goes* oedd hi! A dwi'n cofio Ian, Tre Ioan, Caerfyrddin, yn deud, 'Peidiwch becso, bois, mae digon o gwrw 'da fi.' Doeddan ni ddim yn gwybod ar y pryd fod Ian yn enwog am wneud cwrw cartref! Pan fydda i'n perfformio, efo'r adrenalin yn mynd a ballu, mi fydda i'n cymryd rhyw lwnc bach o ddiod reit aml jest i wlychu'r gwddw. Mi fasa fo'n medru bod yn unrhyw beth – dŵr, lemonêd, unrhyw beth. Wel, y noson honno mi oeddwn i'n sipian hôm brŵ Ian heb sylweddoli – rarglwy' mawr mi oedd o'n gryf! Dyma orffen y noson, a chael mwy o'r cwrw cartref. Mam bach, mi oeddwn i'n teimlo'r cyrtans yn cau arna i – dyna'n union sut effaith oedd o. Mi oeddwn i'n sâl am dridiau ar ôl hynny, a dyna pryd wnes i chwydu ar y Cob ym Mhorthmadog, fel y soniodd John eisoes.

☆ CHWARAE'R FFŴL ☆

Mae'n rhaid i mi gael ffordd o ryddhau tensiwn, neu jest rywbath i wneud i mi deimlo'n well, ac actio'r ffŵl ydi fy ffordd i o wneud hynny. Mae o wedi gweithio i mi ers dyddiau ysgol. Dau arwr mawr i mi ydi Lee Evans a Norman Wisdom – dwi wrth fy modd efo comedi gweledol fel'na, a dwi'n ei ddefnyddio fo yn nosweithiau John ac Alun o bryd i'w gilydd. Actio'r ffŵl.

Dwi'n hoff iawn o wneud pethau gweledol am hwyl – cerdded i mewn i ddrysau a ballu. (Fydda i ddim yn cerdded i mewn iddyn nhw go iawn, cofiwch, dim ond gwneud yn siŵr bod fy nhroed yn rhoi cic i'r drws cyn i fy nhrwyn i hitio fo, wedyn mae'n edrych fel taswn i wedi cerdded i mewn iddo fo.)

Un arall ydi baglu dros fy nhraed fy hun, neu smalio mod i wedi meddwi, fel oeddwn i'n wneud yn Llundain. Mi wnes i hynny'n ddiweddar ar *Noson Lawen*.

Dod allan am yr ail hanner, a cherdded fel dyn wedi meddwi – bod yn hynod ofalus lle mae'r traed yn mynd, fel y mae pobol wedi'i dal hi! Ac mi oeddwn i'n gweld rhai o'r gynulleidfa'n sibrwd wrth ei gilydd, ac yn amlwg yn meddwl mod i wedi meddwi go iawn!

Mae gwisgo i fyny yn rhan ohono fo hefyd – mae gen i fag props fydda i'n mynd efo fi i gigs weithiau. Mae o'n rhan o draddodiad y noson lawen Gymreig, wrth gwrs. Mi oedd Hogia'r Wyddfa a'r rheiny'n giamstars arni, a dwi'n cofio gweld Hogia Llandegai yn Rhydlios neu rywle pan oeddwn i'n ifanc, ac mi oeddan nhw'n gwneud sgetsys, a Now yn mynd drwy'i bethau efo'i ddefaid. Dwi ddim yn amau nad ydi pethau fel'na wedi dylanwadu arna i. Oedd, mi oedd 'Little Red Rooster' y Stones yn ddylanwad, ond roedd clywed Hogia'r Wyddfa, a gweld Hogia Llandegai yn fy nghyngerdd byw cyntaf, yn siŵr o fod yn ddylanwad hefyd.

Hiwmor gweledol fel'na ydi mheth i yn hytrach na deud jôcs. Mae honno'n ddawn ynddi ei hun, a dwi ddim yn un da iawn am eu deud nhw. Mae 'na sawl tro lle dwi wedi trio deud jôc, ac mae hi wedi mynd yn fflemp.

Dwi'n cofio un achlysur yn arbennig, ar ryw nos Wener a ninnau draw ochrau Rhuthun neu rwla, ac mi oedd Gareth Owen, y comedïwr sydd hefyd yn rheolwr ar Theatr y Pafiliwn, y Rhyl, yno hefo ni. Dwi wrth fy modd efo jôcs Gareth achos mae 'na rwbath real, bywyd go iawn yn perthyn iddyn nhw. Mi ddudodd o jôc y noson honno am y boi 'ma yn yr archfarchnad yn rhoi un banana, un tomato, un tun o fîns bach, un afal a hyn, llall ac arall yn ei fasged. Dyma fo'n mynd at y til i dalu, a dyma'r ferch oedd yn fan'no'n deud:

'Duwcs, hen lanc ydach chi? Byw ar ben eich hun?'

'Duwcs annwl ia, sut oeddach chi'n gwbod?'

'Am bo chi'n ddiawl o beth hyll.'

Y noson wedyn roeddan ni yn Blacpwl, yn y Gresham – gwesty Tony ac Aloma wrth gwrs – ac mi benderfynais i ddeud y jôc y noson honno.

Dyma ddechrau arni, ac wrth i mi ddeud ei fod o'n prynu 'un banana, un tomato, un tun o fîns bach, un afal ...' mi wnes i sylweddoli nad oeddwn i'n cofio sut oedd y jôc yn gorffen! O'r nefoedd! Be wnes i oedd cario mlaen gan obeithio y byddwn i'n cofio! Ac mi oedd ei fasgiad o'n llawn dop wrth iddo fo brynu hwn a phrynu'r llall. Ond ddaeth y *punch line* ddim! Dwn i ddim be ddudish i yn y diwedd, ond doedd 'na neb yn chwerthin – wel, ambell un ella, ond mewn cydymdeimlad oedd hynny! Mi oedd John a Tudur yn lladd eu hunain yn chwerthin am fy mhen i, achos roeddan nhw wedi sylweddoli nad oeddwn i'n cofio'r lein, ond doedd y diawlad ddim yn barod i'm helpu i allan o dwll, chwaith!

Sôn am Norman Wisdom, mi oedd o'n byw yn Ynys Manaw yn ei flynyddoedd olaf, ac mi fuon ni'n chwilio am ei dŷ pan wnaethon ni daith drosodd i fan'no un tro, er mwyn deud helô! Yr un math o beth ag Amsterdam oedd y daith, sef trip drosodd, aros mewn gwesty, gweld y golygfeydd, a chyngerdd John ac Alun i orffen.

O Heysham oeddan ni'n hwylio drosodd, ac mi oedd hi'n dywydd melltigedig. Nefoedd lon am dywydd, a phawb yn sâl. Yn digwydd bod, mi oedd 'na un o griw bad achub Porthdinllaen ar y cwch, a dwi'n ei gofio fo'n deud: 'Ddylai hon ddim bod allan yn y fath dywydd.' Mi ddudodd wrtha i am sbio ar y gorwel, lle mae'r awyr a'r môr yn cyffwrdd, ac mi fyddwn i'n iawn. Mi o'n i hefyd, ond roedd pawb arall fwy na heb yn chwydu. Ond dwi'n meddwl bod 'na ddamwain wedi digwydd ar yr M6, ac roedd yr *hotels* yn Douglas yn rhoi pwysau ar y cwmni fferi i gael pobol drosodd. Dyna dwi'n feddwl, beth bynnag.

Ta waeth, erbyn y bore wedyn roedd hi fel diwrnod o haf, ac roedd 'na *cruise liner* anferth allan yn y bae. Roeddan ni'n rhydd y prynhawn hwnnw, ac roeddan ni wedi dod drosodd yng nghar John – hen Volvo *estate* mawr ar y pryd. Felly dyma benderfynu mynd i chwilio am Norman Wisdom – John yn dreifio, fi wrth ei ochr o, a Tudur Morgan a Gary Williams yn y cefn. Ar ôl cael syniad gweddol o lle roedd o'n byw, i ffwrdd â ni. Dyma John yn gweld lle tacsis, a dyma rowlio'r ffenest i lawr a deud yn ei acen Pen Llŷn:

'Sgiws mi, dw iw no wêr Norman Wissdym lifs?'

Mi sbiodd y boi'n wirion arnan ni, a mae'n siŵr ei fod o'n meddwl, 'Pwy ddiawl 'di'r rhain?'

Beth bynnag, mi roddodd o ryw fath o awgrym i ba gyfeiriad i fynd, ac ymlaen â ni nes cyrraedd croesffordd. Roedd 'na griw o blant yn chwarae yn fan'no, a dyma John yn rowlio'r ffenest i lawr eto, a holi: 'Sgiws mi, dw iw no wêr Norman Wissdym lifs?' Rheiny'n sbio'n hurt eto, nes i John weiddi, 'Mr Grimsdale!' dros bob man, a dyna'r hen blant yn ei g'leuo hi, wedi dychryn am eu bywydau! A dwi'n gweld dim bai arnyn nhw chwaith. Doedd gynnon nhw ddim syniad pwy ddiawl oedd Mr Grimsdale (un o gymeriadau Norman Wisdom) i ddechrau, nagoedd, heb sôn am pwy oedd y pedwar boi amheus yn y rhacsyn Volvo?

Does 'na'm llawer yn fy mrifo fi. Mae 'na rai pobol – rhai pobol yn y cyfryngau neu'r busnes cerddorol 'ma yn amlach na pheidio – sy'n deud: 'John ac Alun? O, blydi Jac a Wil ...' neu ''does 'na'm dawn yna o gwbl ... dydyn nhw ddim yn cŵl.' 'Canu gwlad? Blydi hel, – crap 'di hwnnw!' – y math yna o beth.

'Ocê, meddyliwch felly ta. Dim ots gen i.' Fel'na fydda i'n ymateb iddo fo. Ond weithiau mae rhywun yn gofyn iddo fo'i hun: 'Oes 'na bwynt cario mlaen?' Wrth gwrs, dach chi'n dod at eich coed, ac yn cofio'r holl bethau da sy'n cael eu deud hefyd.

Ond mae 'na adegau pan dach chi'n teimlo bod rhywun wedi camu dros y lein, ac mi wnes i deimlo felly am rwbath ddudodd un o sêr mwyaf y byd adloniant Cymraeg – Caryl Parry Jones – un tro.

Dwi'n meddwl mai *Wedi 7* oedd y rhaglen, lle roedd pobol yn sôn am y flwyddyn aeth heibio a hyn, llall ac arall. Ac mi oedd 'na gyfeiriad at gân Bing Crosby a Bryn Terfel – 'White Christmas' – lle yn amlwg roedd Bing Crosby wedi ei recordio hi flynyddoedd maith yn ôl, a Bryn wedi recordio ar ei ben o wedyn fel deuawd. Mi oedd 'na sawl un yn siarad ar y rhaglen, ac yn cyfeirio at y gân.

Ac wrth sôn am y ffaith bod Bryn yn fyw a Bing Crosby wedi marw, mi ddudodd Caryl nad oedd dim byd o'i le ar hynny: 'Mae o wedi gweithio i John ac Alun ers blynyddoedd,' meddai.

Nes i ddim gweld y rhaglen ar y noson, ond pam glywis i amdani, mi gymerais iddi awgrymu fod John yn fyw a bod Alun yn farw, oherwydd mai fo ydi'r prif leisydd, fo ydi John ac Alun ... mae Alun yn y cefndir yn rhywle. Ac am y tro cyntaf mi es i ar ôl y peth, am nad oeddwn i'n fodlon gadael iddo fo fynd.

Digwydd bod, dwi'n ffrindiau da efo Idris Charles, ac mi oeddwn i'n gwybod ei fod o'n gweithio ar y rhaglen, felly mi e-bostiais Idris a deud: 'Yli, dwi'n gwbod nad oedd o ddim byd i'w wneud â chdi, ond dwi ddim yn hapus o gwbl am hyn. Mae bod yn ffraeth a jôcio yn un peth, ond mae hwn yn mynd â fo un cam rhy bell.'

Tasa hi wedi deud bod un yn fywiog a'r llall yn farwaidd, fasa gen i ddim problem. Un yn heini a'r llall ddim, popeth yn iawn. Ond un yn fyw a'r llall yn farw? Doedd o ddim yn dderbyniol o gwbl gen i.

Mi ges i e-bost yn ôl gan Idris, chwarae teg iddo fo, yn deud 'Os oes 'na fai ar rywun, arna i mae'r bai. Fi sgwennodd y lein yna, am fy mod i'n meddwl ei bod hi'n ddoniol ar y pryd. Wrth sbio'n ôl dwi'n gweld dy bwynt di a dwi'n ymddiheuro os wnaeth o dy frifo di!' Chlywais i ddim gair gan Caryl, ond ro'n i'n hapus ar ôl clywed gan rhen Idris, a dwi'n falch o ddeud ein bod ni'n dal yn ffrindiau.

Os oes 'na bobol sydd ddim yn lecio be ydan ni'n ei wneud, wel, be 'di'r ots? Mae'r dilyniant sydd gynnon ni yn gwneud i fyny am hynny, ond mi ydan ni hefyd wedi gweithio'n blydi galed dros y blynyddoedd i gael y dilyniant yna, ac roedd hwn yn brifo ro'm bach.

☆ RHAID BWRW PRENTISIAETH ☆

Os nad ydach chi wedi dilyn prentisiaeth, wnewch chi byth ddim byd ohoni yn unrhyw beth. Os nad ydach chi wedi bod yng nghefn y transit am dri o'r gloch y bore, ac wedi cael nosweithiau llwyddiannus, a rhai ddim mor llwyddiannus, ewch chi ddim yn bell. Fel yna dach chi'n dysgu – 'Mi fydd rhaid gwneud rwbath am peth a'r peth y tro nesa.'

Mae 'na rai yn meddwl eu bod nhw wedi cyrraedd os ydyn nhw wedi sgwennu eu cân gyntaf erioed, a chael honno ar y radio. Ond mae 'na rwbath o'i le yn rhywle os ydi'r cyfryngau neu pwy bynnag yn caniatáu iddyn nhw feddwl hynny. Dydyn nhw ddim wedi'i gwneud hi eto. Dysgu crefft maen nhw. Mae 'na rai sy'n meddwl eu bod nhw'n cŵl, ond mi fasa'u hanner nhw'n cachu yn eu trowsusa tasan nhw'n gorfod mynd o flaen cynulleidfa! Peidiwch â nghamddallt i – pob lwc i'r grwpiau ifanc. Dwi ddim yn gweld bai arnyn nhw – ond maen nhw'n cael eu chwyddo a ballu gan y cyfryngau yn rhy fuan.

Pan aeth John a finnau i recordio am y tro cyntaf, roeddan ni'n hollol wyrdd a naïf. Doedd gynnon ni ddim syniad be oedd goblygiadau recordio, be oedd hawlfraint, na be oeddan ni'n ei arwyddo. 'Run fath efo cyfres neu raglen deledu: 'Arwydda'r cytundeb yma ... gei di £300, sti'. 'Ew, tybad? Ocê ...'

Ond rydach chi wedi gwerthu eich einioes am beth bynnag oedd y pris oedd yn cael ei gynnig, a byth ers hynny wedyn, hwnna ydi'ch *baseline* chi. Tasach chi wedi gwerthu eich hun am £3,000 ar y cychwyn, hwnna fasa'r *baseline* wedyn, ac mae 'na fwy o le i drafod telerau wedyn.

Ella mod i'n anghywir, ond dwi'n teimlo bod 'na le i rywun yn rhywle i egluro'r pethau yma i chi reit ar y dechrau. Oni ddylai'r cwmni recordio fod wedi egluro'r pethau yma, fel y bobl wnaeth 'ddarganfod' John ac Alun? Ac yn bellach na hynny, fel y prif gwmni recordio yng Nghymru, pam na fasan nhw wedi trefnu cyngherddau i hyrwyddo eu hartistiaid eu hunain? 'You've got to speculate to accumulate,'

medda'r Sais. O na, roedd hynny i fyny i ni, ond roeddan nhw'n barod iawn i wneud elw da ar ein cefnau ni hefyd, trwy werthiant recordiau.

Iawn, ella mai lle'r artist ydi gwneud yn siŵr ei fod o neu hi'n dallt be mae o'n ei arwyddo, ond y gwir amdani ydi fod amgylchiadau'n cymryd drosodd. Mae'r cyffro o wneud eich recordiad cyntaf yn eich dallu chi i'r ffaith bod 'na gytundebau i'w harwyddo sy'n effeithio arnach chi am byth. Mae pob un dim yn swnio fel tasa fo'n fendith i'r artist, fel tasa rhywun yn gwneud ffafr fawr â chi, ond heb artistiaid, does gan 'run cwmni recordiau neu deledu ddiawl o ddim byd. Lle fasa unrhyw gwmni recordiau, neu unrhyw gwmni cynhyrchu, heb eu hartistiaid?

Mae John wedi crybwyll hyn, a dwi'n cytuno – ella y basa hi'n well tasan ni wedi cael asiant reit o'r cychwyn, ond dydi rhywun ddim yn meddwl ar y pryd. O sbio'n ôl, John oedd yn cymryd y galwadau ac yn cadw'r dyddiadur, a tasa gynnon ni asiant mi fasan ni wedi gallu bod un cam i ffwrdd oddi wrth y trefnu a'r holl beth. Mae 'na lot i'w ddeud dros gael asiant, er bod rhaid talu amdano fo wrth reswm. Ond wedi deud hynny, 'Cymru fach' ydi hi, a'r wythnos nesaf ella na fydd neb isio'n gweld ni!

Yn bersonol, dwi'n ein gweld ni'n gul ofnadwy yng Nghymru 'ma. Meddylfryd cyfyng, cythraul canu a hyn a'r llall. Dwi'n gwybod bod y farchnad yn hollol wahanol a gan gwaith mwy, ond deuawd Emmylou Harris efo Dolly Parton – grêt, ffantastig. Pam na fedran ni wneud y math yna o beth yng Nghymru? Dydi o ddim yn digwydd o gwbl yma. Y cwbl gewch chi yn fama ydi: 'Nefi wen, dwi'm yn mynd i ganu efo hwnna!' neu 'Dwi ddim yn mynd i rannu llwyfan efo hwnna ...' Mae 'na gymaint yn fwy fasan ni wedi medru'i roi, a gymaint mwy fasan ni wedi gallu'i wneud efo'r ochr gerddorol a'i ddatblygu fo i gymaint o wahanol gyfeiriadau. Ond dyna fo, Cymru fach ydi hi, 'de?

☆ GALLU CERDDORIAETH I GODI YSBRYD ☆

Mae gynnon ni ddoctoriaid i'n gwella ni os ydan ni'n teimlo'n sâl, mae gynnon ni ddeintydd os oes 'na broblem efo'r dannedd, ac mi fydda i'n lecio meddwl bod cerddorion a pherfformwyr yn eu ffordd eu hunain yn gwella sut mae pobol yn teimlo. Dach chi'n clywed pobol yn deud ar ôl noson: 'Ew, gafon ni noson dda, dwi'n teimlo lot gwell ar ôl bod ...' Yn ein ffordd fach ni mae John ac Alun wedi bod yn gwella ysbryd a theimladau pobol.

'Run fath efo'r rhaglen radio. Reit ar y dechrau mi oeddwn i'n gwneud llun yn fy meddwl o'r Rolling Stones yn canu 'Little Red Rooster'. O'r ymateb rydan ni'n ei gael i'r rhaglen, dwi'n meddwl ei fod o'n wir yn yr achos hwnnw hefyd. Mae 'na bobol adra ar nos Sul yn gwrando arnon ni, ac yn gorfod gwneud eu llun eu hunain i fyny ac ella'n cael rhyw chwerthiniad bach, felly mewn un ffordd mi ydan ni'n gwasanaethu yn yr un ffordd â'r doctor neu'r deintydd! O'r hyn rydan ni'n ei glywed, mi ydan ni'n gwneud gwahaniaeth i fywydau rhai pobol, ac mae hynny'n deimlad ofnadwy o braf. Ond mae o'n gyfrifoldeb hefyd.

O sbio'n ôl, mi fydda i'n gofyn y cwestiwn i mi fy hun weithiau: 'Fasa hi wedi bod yn wahanol petawn i o gwmpas fwy pan oedd y plant yn tyfu i fyny?' Mi oedd Jill ar ei phen ei hun efo tri o hogia am gyfnodau maith. Mi oeddwn i'n mynd i ffwrdd lot beth bynnag, pan oeddwn i'n gweithio efo BT, am wythnos ar y tro yn aml iawn. Wedyn, ar ôl i ni ddod yn ôl i Gymru i fyw, mi oeddwn i'n gwneud cwrs ôl-radd ym Manceinion, ac i gadw i fyny efo'r gwaith a'r traethodau hir a ballu, mi fyddwn i'n cau fy hun yn y swyddfa oddi wrth y teulu, felly roedd Jill wedi hen arfer. Ac un o'r rhesymau y daethon ni'n ôl oedd i gael cefnogaeth teulu, achos roedd mam a tad Jill yn Llundain pan oeddan ni yn Martlesham. Yn D'weiliog doedd Mam a Dad mond i fyny'r lôn, felly roeddan nhw'n gefn i ni, ac i Jill yn enwedig.

Mi gafodd Gwyn ei eni yn D'weiliog 'ma. Mi oedd Gareth a Bryn yn hollol rhugl yn Gymraeg o fewn ychydig fisoedd i ddod yma. Dwi'n meddwl mai ym mis Medi y daethon ni, ac roedd Gareth yn adrodd yn Steddfod Bach yn mis Mawrth, nid fel dysgwr ond fel Cymro iaith gyntaf, a fasach chi ddim yn gwybod y gwahaniaeth.

Mae plant yn ei socian o i mewn o fewn dim. Oes, mae 'na fewnfudwyr yma ond dydan ni ddim yn gwneud eithriad ohonyn nhw, ac maen nhw'n ymdoddi'n dda. Mi fasa hi'n stori wahanol pe bai na lot ohonyn nhw'n dod efo'i gilydd, wrth gwrs, fel sydd wedi digwydd mewn rhai llefydd.

Mi oedd Gwyn yn fwy efo'i nain a'i daid na'r ddau arall, wedyn mi hitiodd o Gwyn yn fwy pan gollodd o'i daid. Mae fy mam yn dal yn fyw, ond dydi hi ddim mewn iechyd da iawn, yn anffodus. Ond dwi'n falch iawn ein bod ni wedi cael cyfnod lle roeddwn i o gwmpas Tudweiliog yn y blynyddoedd dwytha, er mwyn treulio amser efo'n gilydd ac i mi gael bod yma ar gyfer fy rhieni.

☆ AR Y RADIO ☆

Cyn i ni ddechrau efo'n rhaglen ar Radio Cymru, mi wnaeth y BBC ofyn i ni wneud rhaglen beilot, a be wnaethon ni oedd dewis traciau a siarad amdanyn nhw. Mae gan John a fi dâst gwahanol i'n gilydd mewn cerddoriaeth; mae o'n lecio Elvis, a phethau o'r 60au a'r 70au – Willie Nelson, Merle Haggard a'r rheiny. Mae o'n fwy ceidwadol na fi ella, ond mi wna i ddewis pethau mwy ymylol.

Beth bynnag, ar gyfer y peilot mi oeddan i'n dau wedi sgwennu'r cwbwl, ac mi oedd o'n swnio'n uffernol a deud y gwir, ond er hynny mi benderfynodd y BBC roi cynnig i ni efo rhaglen wythnosol bob nos Sul. Yn y dyddiau cynnar, ac am tua pum mlynedd mae'n siŵr, mi oeddan ni'n recordio'r rhaglen ar nos Iau, a hithau'n mynd allan ar nos Sul. Ac am ein bod ninnau'n ddibrofiad yn y maes darlledu, weithiau mi oedd hi'n anodd ffeindio rwbath i siarad amdano fo am ddwy awr.

Beth bynnag, un wythnos mi oedd John yn tynnu fy nghoes i, 'Ew, mi wyt ti'n gwneud pres, ond ti'm yn gwario ceiniog nagwyt? Dim byd.'

Dyma finnau'n ymateb trwy ddeud, 'Hy! Dwi wedi prynu *sports car* yli washi, a ti ddim yn cael dod ynddo fo achos ti'n rhy drwm!'

'Hei! Be ti'n feddwl yn rhy drwm?'

A dyma finnau'n deud mai car tair olwyn oedd o! Lol botas wrth gwrs. Doedd 'na ddim ffasiwn gar, ond yr wythnos ganlynol mi holodd John am y car tair olwyn eto! A dyma finnau'n mwydro ei fod o wedi cael ei drin, a'i beintio a'i fod o'n mynd yn dda a hyn a'r llall.

Mi aeth hyn ymlaen am dair neu bedair wythnos nes roeddwn i wedi laru yn y diwedd, a dyma benderfynu bod angen tynnu'r

WILLIE NELSON

stori i ben. Heb sôn am ddim byd arall, mi oedd hi'n anwiredd llwyr! Mi ddudish i bod y car wedi mynd. *Kaput*! Mwg mawr glas ar ei ôl o, ar ôl i mi fachu'r ochr yn nhwnelau Penmaen-bach neu rywle! Roedd y sbring wedi mynd ac roedd rhywbeth wedi digwydd i'r injian, a dyna ni. Mi orffennodd y stori yn fan'no. Neu felly ro'n i'n meddwl.

Yn anffodus, ar y dydd Llun ar ôl i'r rhaglen fynd allan, mi ddaeth 'na ŵr o Lithfaen i'r Felin lle roedd rhieni John yn byw, a deud ei fod wedi clywed bod yr hogia wedi cael dipyn o drafferth efo'r thrî whîlar, a dyma fo i fŵt ei gar a dod ag olwyn Robin Reliant allan – scf car tair olwyn fel un Del Boy yn *Only Fools and Horses*.

'Fasa chi'n rhoi hwn i'r hen Alun?' medda'r creadur.

A dyma Gwilym, tad John, yn deud, 'Duw annwyl, peidiwch â gwrando arnyn nhw'n brywela siŵr iawn, does 'na'm ffasiwn beth â'r car 'ma maen nhw wedi bod yn sôn amdano!'

'Brenin mawr!' medda'r dyn, 'Dydi peth fel hyn ddim yn deg o gwbl, deud anwiredd fel'na ar y radio!'

Ac mi oedd o'n berffaith iawn, wrth gwrs. Mae rheolau'r BBC wedi tynhau'n ofnadwy efo pethau fel hyn, a fasan ni byth yn cael gwneud hynna heddiw.

☆ TRIPIAU COFIADWY ☆

Dwi wedi sôn am deithiau Nashville ac Amsterdam, a mi oedd y ddwy yna'n rhai arbennig, wrth gwrs, ond rydan ni wedi cael amryw o dripiau cofiadwy eraill. Mi fuon ni i Ynys Manaw fel y soniais i, ac i Lisdoonvarna. Ond y trip cyntaf fel hyn oedd un i Ardal y Llynnoedd, ac mi fues i mewn dipyn o helynt yno hefyd!

Un bws oedd 'na, ac roeddan ni'n aros yn y gwesty 'ma am dair noson, a ninnau'n canu yno ar un o'r nosweithiau.

Ar ôl gorffen canu mi oeddan ni i gyd yn y bar yn dal i fwynhau ein hunain, er bod y staff i gyd wedi mynd i'w gwlâu ers meitin. Dyma finnau'n gweld cyfle i gael dipyn o hwyl a dyma fi'n rhoi lliain gwyn dros fy mraich a mynd tu ôl i'r bar! Yn fwy na hynny mi ddechreuais i weiddi, 'Be gym'wch chi?' a thynnu lager, Guinness a seidar ac ati o'r pympiau. O, roeddwn i'n cael hwyl garw tan i mi glywed y llais blin 'ma'n holi:

'What the hell do you think you're doing?'

Perchennog y lle wedi fy nal i! Doedd 'na ddim amdani ond ymddiheuro'n daer, a mynd i ngwely'n ddistaw!

121

☆ CAERFYRDDIN — AIL GARTREF ☆

Rydan ni wedi treulio – a gwastraffu – llawer iawn o amser yn nhref Caerfyrddin. Peidiwch â nghamddeall i, mae gen i feddwl mawr o'r lle. Oes wir. Wedi'r cwbwl, roedd y dref fel ail gartref i ni ar un cyfnod pan oeddan ni'n canu yn y cyffiniau bob penwythnos bron.

Beth bynnag, un tro o gwmpas y Dolig, roeddan ni yno eto, ac yn lladd amser yn y pnawn cyn canu yn rhywle gyda'r nos. Mi aethon ni rownd y siopau a landio yn siop ddillad dynion Burton's. Roedd gynnon nhw adran fach yn fan'no efo rhyw anrhegion bach i ddynion – *men's toys* – a be oedd 'na yn eu canol nhw ond *remote controlled fart machine*! Wnes i ddim meddwl ddwywaith naddo? Mi brynais o, a'i osod o'n ofalus ar dop y nwyddau eraill oedd yn y carrier bag.

Aethon ni rownd y farchnad wedyn, a dyma rhywun yn deud, 'Shwmai John ac Alun?'

'Sumai,' medda John yn ôl, ac mi welais innau gyfle am hwyl. 'Paaaarp!' medda'r *fart machine*.

Ro'n i'n gelain wrth gwrs, ond mi gerddodd John i ffwrdd gan ddeud 'Be haru ti'r diawl gwirion?' neu eiriau cryfach!

☆ RO'N I MEWN CARIAD! ☆

Do, mi gawson ni amser da yn Nashville, Amsterdam, Ynys Manaw a llefydd eraill, ond os ydach chi'n sôn am ymdeimlo a blasu lle go iawn, wel, Lisdoonvarna, yn Co Clare, gorllewin Iwerddon, oedd hwnnw i mi. Dyna i chi le difyr, hogia bach. Yn ganol nunlle, ond roedd 'na ŵyl fiwsig fawr yno ar un adeg, ac mae 'na ŵyl gariadon enwog yno, lle mae ffermwyr a hen lanciau'n mynd i chwilio am wraig.

Dwi'n meddwl mai'r cysylltiad cyntaf i ni oedd bod perchennog gwesty'r Celt yng Nghaernarfon yn hannu o Lisdoonvarna'n wreddiol, a threfnydd gwyliau oedd o. Be oedd o'n ei wneud oedd dod â phobol o Lisdoonvarna a Galway a llefydd felly drosodd i Ddulyn, aros noson yn fan'no a dod â nhw drosodd i Gymru wedyn.

Dwi'n cofio pan gyrhaeddon ni, roedd 'na waith mawr yn mynd ymlaen yn y dref, gosod system garthffosiaeth newydd neu rwbath, ac ar ôl i'r gwesty orffen gweini brecwast i'r rhai oedd yn aros yno, dyma'r gloch 'ma'n canu a dyma'r gweithwyr 'ma i gyd yn dod i mewn. Roeddan nhw'n cymryd unrhyw beth oedd ar ôl, am bris llai wrth gwrs. Ro'n i'n gweld honno'n system dda ar y diawl.

Mi oedd y bobol oedd ar y trip efo ni yn mynd allan yn y bws am y diwrnod, ond aros yn y dref wnaeth John a fi, ac ar ôl gweld ambell i beth a chael panad a hyn llall ac arall, dyma daro i mewn i'r bar oedd dros y ffordd i'r gwesty. Roedd y bar ei hun i lawr y grisiau – bar bach mewn stafell hir, a setlau (*settles*) ar hyd y waliau i eistedd i lawr.

Tu ôl i'r bar roedd un o'r genod tlysaf dwi rioed wedi'i gweld. Rêl Gwyddeles – gwallt hir du, llygaid glas, croen gwyn. Nefoedd lon, mi oedd hi'n ddel ac ro'n i mewn cariad. Perchennog y lle ddechreuodd yr ŵyl gerddorol flynyddoedd ynghynt, cyn iddi dyfu'n anferthol o fawr, ac mi oedd 'na luniau difyr ar y waliau, felly ar ôl cael peint, dyma ni'n dechrau sbio ar y rhain. Ymhen hir a hwyr mi ddaeth rhagor o bobol i mewn, ac un neu ddau'n agor caead y setlau ac yn estyn offerynnau allan – *bodhran*, ffidil ac yn y blaen. Dyna lle roeddan nhw'n jamio, ond mi sylwais i mai Ribena poeth oeddan nhw'n yfed. 'Duwcs,' medda fi, 'rhyfedd, ond chwarae teg iddyn nhw.'

Yn Iwerddon mae tafarn yn llawer iawn mwy na thafarn yn aml iawn, ac roedd hon felly, mae'n amlwg. Roeddwn i wedi sylwi ar ryw ddau ffarmwr – neu dyna oeddwn i'n feddwl oeddan nhw – yn eistedd ar ddwy stôl wrth y bar ers dipyn. Doeddan nhw'n deud dim byd wrth neb, a mwya sydyn dyma 'na ddau fŵg o goffi yn landio o'u blaenau nhw, a jwg o lefrith. Mi wnes i sylweddoli be oedd yn bod pan geisiodd un ohonyn nhw roi llefrith yn ei goffi. Fedra fo ddim, ac mi aeth ar hyd ochr allan y mŵg a dros y bar i gyd! Wedi'i dal hi'n rhacs oeddan nhw, siŵr! Yn methu siarad na sefyll ar eu traed, ac mae'n rhaid bod 'na ddealltwriaeth yn y dafarn nad oeddan nhw'n cael mwy o ddiod ar ôl hyn a hyn, dim ond coffi. Mi faswn i'n awgrymu'n garedig eu bod nhw'n stopio ychydig ddiodydd yn gynt y tro nesa, cyn iddyn nhw gyrraedd y fath stad. Ond mae'n un o'r pethau 'na sy'n aros yn y cof am y daith honno.

Mae stafelloedd adloniant mewn gwestai yn gallu bod yn llefydd di-gymeriad, oeraidd i chwarae ynddyn nhw. Ond yn Lisdoonvarna roedd 'na dafarn yn sownd i gefn y gwesty efo stafell braf a llwyfan da, ac mi gawson ni noson wych yno, efo'r Cymry'n mwynhau, a chriw'r Bala'n mynd trwy'u pethau. Mi orffennais i'r noson yn dawnsio efo brwsh llawr. Sei no môr!

123

Rhuthun

Dwi'n hoff iawn o'u clywed nhw o hyd pan maen nhw'n dod i'r cyffiniau yma, ond mae'n rhaid i mi ddweud fod well gen i John ac Alun yn y dechrau ulw, pan oeddan nhw'n ddim ond John ac Alun. Y caneuon cynnar ydi fy ffefrynnau hefyd, roeddan nhw'n fwy syml yr adeg honno, dwi'n meddwl. Mae'r band yn werth chweil, cofiwch, ond mae'n well gen i'r symlrwydd hwnnw pan oedd jest y ddau ohonyn nhw'n canu. Roeddan nhw'n fwy cartrefol gen i, ac roedd geiriau'r caneuon yn dod allan yn well.

'Gafael yn Fy Llaw' ydi fy hoff gân. Mae'n beth ofnadwy i'w ddweud, ond dwi wedi dweud wrth y plant mai honno ydi'r gân yr ydw i isio ar ddiwrnod fy nghladdu! Mi glywais hi mewn claddedigaeth yn y dyffryn 'ma ryw dro, ac mi wnaeth gydio ynof fi, ac mi ddywedais i ar y pryd mai honno yr oeddwn inne isio.

Dwi'n eu cofio nhw'n dod i Ruthun am y tro cyntaf, a'r ferch a'i ffrind a finne ddaru eu cael nhw yma – i'r Bridge yn Bontuchel. Mi gollon nhw'r ffordd wrth ddod ac wrth fynd adre hefyd! Landio ar fuarth rhyw fferm yn rywle! Mi fyddwn i'n edrych ymlaen at eu gweld nhw'n dod i'r ardal.

Mi fues i yn Nashville efo nhw, ac i Amsterdam unwaith hefyd, a Werddon, ac roeddwn i'n mynd i'w gweld nhw yn lleol bob amser. Dwi wedi trefnu ambell i noson efo nhw dros y blynyddoedd, ond mae'n anodd cael lle addas yn yr ardal yma rŵan i gynnal nosweithiau. Dau o rai da ydi John ac Alun. Maen nhw'n fechgyn annwyl iawn ac mae 'na lot fawr o hwyl i'w gael efo nhw.

☆ Y FFANS ☆

☆ IAN A MORWENNA EVANS ☆

Tre Ioan, Caerfyrddin

☆ IAN ☆

Ro'n i'n arfer trefnu nosweithie lawr yn Gaerfyrddin at wahanol achosion da, ac yn un o'r cyngherddau hyn roedd Dafydd Iwan yn sefyll gyda ni yn y tŷ, a dyma fe'n dweud: 'Dyna rai y dylse chi drio yw'r bois John ac Alun 'ma, sydd newydd ddechrau ar y sin nawr.' A dyma fe'n dangos eu casét cyntaf oedd newydd ddod mas, sef *Yr Wylan Wen*. Fe wnaethon ni gysylltu â nhw, a'u cael nhw i lawr ar gyfer y cyngerdd mawr nesaf oedd 'da ni – 4ydd o Ebrill 1992. Alun Williams oedd i fod i arwain y noson, ond fe fuodd e farw ar y dydd Mawrth cyn y cyngerdd ar nos Sadwrn, a daeth Hywel Gwynfryn i mewn yn ei le fe. Mae'r bois wedi bod yma sawl gwaith yn aros, ac rydyn ni wedi cael ambell i noson dda, a chyfle iddyn nhw brofi fy hôm briw! Fe rois i'r gore i drefnu nosweithie adeg clwy'r traed a'r genau yn 2002. Bu'n rhaid inni ohirio un o'r nosweithie hynny, a wnaethon ni ddim ailddechrau wedi hynny.

Beth oedden ni'n trio'i wneud pan oedd y bois yn dod lawr – John ac Alun neu Broc Môr, Dylan a Neil, y rhain i gyd – roedden ni'n trio trefnu dwy noson iddyn nhw yn y Llanina yn Llanarth wedyn naill ai yn Neuadd Bronwydd neu Neuadd San Pedr yn Gaerfyrddin.

Dwi'n cofio'r tro cyntaf ddaeth John ac Alun i lawr yma, roedd gyda nhw nosweth yn y Lamb, Llangeler ar y nos Wener a nosweth yn Neuadd San Pedr ar y nos Sadwrn. Ond dydyn nhw ddim i lawr yr ochrau hyn cymaint â hynny nawr, mae 'na lai o nosweithie'n gyffredinol, dwi'n credu.

Ry'n ni'n ffrindie da. Maen nhw'n fois rhwydd iawn i gael oboiti'r lle. Ro'n nhw'n dod yma ac yn sefyll gyda ni am y penwythnos, ac ro'n i'n gallu eu gadael nhw yn y tŷ, dywedwch, os oedd angen i mi fynd i'r neuadd yn gynnar ar y dydd Sadwrn, neu rywbeth fel'na. Roedd y bois yn aml yn mynd yn ôl i'r gwely i aildanio'r batris fel ni'n weud, yn barod am noson hwyr arall!

 MORWENNA

Dwi'n cofio un tro roedden ni wedi trefnu noson yn Llanina, yn Llanarth ar y nos Wener – roedd stafell fawr i gael yno yn dala ryw 150. Roedd John ac Alun yn aros 'da ni, ac fe aeth hi'n nosweth eitha hwyr.

Ond y noson wedyn roedd noson lawen 'da ni yn Gaerfyrddin, ac roedden nhw'n canu yno – noson fach sidêt i fod, ynde fe?

Roedd y noson yn gorffen yn swyddogol tua chwarter i un ar ddeg, ond wrth gwrs roedden ni'n mynd yn ôl wedyn i westy'r Priordy i gael y parti ar ôl y sioe! Roedd nifer o'r gynulleidfa yn dod yn ôl 'da ni, achos erbyn hyn roedd lot ohonyn nhw'n ffrindie 'da'r bois. Roedd 'na siŵr o fod tua cant i gant a hanner o bobl yno. Roedd pobol yn dechrau mynd adref erbyn hanner awr wedi hanner nos, un o'r gloch y bore, ac roedd y rhan fwyaf wedi mynd erbyn dau a dim ond yr idiots oedd ar ôl wedyn, tebyg i ni a dwi'n siŵr fod Hogia'r Wyddfa yno hefyd ... a John ac Alun, wrth gwrs! Ond erbyn y diwedd dim ond Ian a fi, a'n ffrindie Chris ac Ann oedd ar ôl ... a John ac Alun! Wedyn dyma Phil, perchennog y gwesty, yn dod â photel o wisgi malt allan, a'i rhannu hi rhwng John, Alun, Chris ac Ian a fe'i hunan, ac fe aeth y botel i gyd rhwng y pump!

Roedden nhw'n aros 'da ni'r nosweth hynny, ac roedden nhw wedi gadael eu gêr i gyd yn y neuadd, felly roedd rhaid mynd yno erbyn hanner awr wedi un ar ddeg y bore wedyn i'w ôl e, felly dyma alw ar y bois tua hanner awr wedi deg a gofyn: 'Bois! Be chi'n moyn i frecwast?'

Alun: 'Ych! Coffi du ...'

John: 'Yyyyy! Dwi'm yn gwbod wir!'

Ac felly oedd hi. Tost a Marmite gymerodd e yn y diwedd, a choffi du i Alun druan!

Cerdded y filltir a hanner i'r neuadd wnaethon nhw y bore hwnnw. A'r noson honno – y nos Sul – ro'n nhw'n canu mewn parti pen-blwydd ffrind i ni oedd yn cadw tafarn yng Nghynwyl Elfed. Dyma ni draw gyda nhw, a'r gêr i gyd a seto popeth lan. Roedden ni'n cael cino tua hanner awr wedi pedwar gyda ffrind arall i ni, ac roedd Alun yn dal i fod yn dost. Erbyn dechrau'r parti pen-blwydd fe wedon nhw wrthon ni, 'Dydan ni ddim yn aros heno, rydan ni'n mynd adra os fyddwch chi'n gadael i ni fynd, ac fyddwn ni'n gorffen am hanner awr wedi deg.' A dwi'n credu mai dyna'r tro dwetha y buon nhw'n aros gyda ni – roedden nhw'n whare'n saff wedi hynny! Sa i'n gwbod ydyn nhw wedi madde i ni byth!

Dwi'n credu ein bod ni'n fwy o ffrindie na ffans erbyn hyn. Maen nhw'n ddau foi hawddgar a hawdd iawn dod ymlaen 'da nhw. Da iawn bois, a diolch am bopeth!

☆ ELERI PRITCHARD ☆
Gwalchmai

Dwi ddim wedi bod i ffwrdd i'w gweld nhw, am ein bod ni'n ffarmio ac yn methu sbario'r amser. Ond dwi wedi bod yn mynd mor bell â'r Bala a llefydd felly i'w gweld nhw. Mae 'na griw ohonan ni'n mynd, ac mi ydan ni'n cael andros o hwyl, ac yn mwynhau dawnsio i'w miwsig nhw – dim bod ni'n medru, ond mi ydan ni'n trio! Maen nhw'n grêt, ac yn codi'n calonnau ni bob tro.

JONSI, MARGARET, WIL TÂN A GIGS YN Y DE...

PENNOD 8

☆ JOHN ☆

Mi ydan ni wedi gweithio llawer efo Eifion Jones – Jonsi – dros y blynyddoedd. Roeddan ni'n trefnu mwy o gyngherddau ein hunain ar un adeg, ac roedd o jest y boi i arwain noson. Mi ydan ni wedi colli cysylltiad i raddau ers iddo fo adael Radio Cymru. Dan ni byth yn clywed dim byd ganddo fo rŵan, sy'n biti. Ychydig iawn o'n caneuon ni oedd yn cael eu chwarae ar y radio pan oeddan ni'n dechrau. Doedd John ac Alun ddim digon cŵl, mae'n siŵr, a chanu gwlad ddim yn ffitio. Ond y jôc oedd, roedd canu gwlad yn llenwi neuaddau. Mi oedd Jonsi'n gefn i'r math yna o ganu pan ddaeth o ar y sin. Roedd o'n gwybod be oedd pobol isio, ac yn dallt ei fiwsig, ac roedd ei raglen o'n boblogaidd. Roedd Hywel Gwynfryn yn chwarae'n stwff ni'n rheolaidd hefyd, chwarae teg.

Un o'r artistiaid y cawson ni'r pleser o gydweithio â hi ar ddau achlysur oedd Margaret Williams. Mi wnaethon ni hitio hi off efo Margaret yn syth, mae'n rhaid deud. I mi, mae hi'n un o'r artistiaid 'ma yr oeddach chi'n medru deud yn syth ei bod hi'n hollol ddiffuant, ac yn hollol broffesiynol ac yn annwyl hefyd, chwarae teg.

Band y diweddar Ronnie Hazlehurst oedd ganddi hi ar ei sioe, a Margaret wedi gweithio efo fo droeon, mae'n siŵr. Yn Stiwdio Barcud, Caernarfon, oeddan ni a 'Merch o Benrhyn Llŷn' oedd y gân roeddan ni i fod i'w chanu. Mae cwmnïau teledu yn lecio gwneud rhyw sbloets, ac mi oeddan nhw wedi newid y gân o'r ffordd oeddan ni'n arfer ei gwneud hi, ac ar ben hynny roeddan nhw isio i mi gerdded i lawr y grisia 'ma, a hitio'r stepan olaf fel roedd y canu'n dechrau. 'You come in on the ninth bar,' medda Ronnie wrtha i. Iawn bòs, medda fi, wrtha fi'n hun. Dim problem. Ond ydach chi'n meddwl y medrwn i amseru'r peth fel bo fi'n landio ar y stepan olaf a dechrau canu 'run pryd? Dim ffiars o beryg!

'Stop!' medda Ronnie ar ôl cwpwl o weithiau, ac mi ddudodd o rwbath digon annifyr. 'Listen, I've played with all the big names you care to mention, but this is what I get in Wales is it ...?' Wedi gwylltio oedd o am nad oedd petha'n mynd fel oedd o isio iddyn nhw fynd, mae'n siŵr. Mi oeddan ni wedi gwneud yr *intro* ddwywaith neu dair rŵan, a gorfod stopio bob tro, ac mi oeddwn i wedi dechrau gweithio'n hun i fyny crbyn hyn, doeddwn?

'O ff**** hyn,' medda fi wrth Alun, 'awn ni adra.'

Wrth gwrs, mi oedd 'na feicroffons byw ym mhob man, ac mi glywodd Margaret hyn yn iawn, achos roedd hi'n eistedd yn ymyl y llwyfan am ein bod i fod i gerdded ati hi am sgwrs ar ôl y gân! Ond mi aeth yn iawn yn y diwedd, ac mae'n rhaid ein bod ni wedi plesio, achos mi gawson ni fynd i lawr i Gaerdydd rhyw ddwy flynedd wedyn i ymddangos ar ei rhaglen hi eto, ac mi oedd hi'n canu deuawd efo ni y tro hwn – 'My Best Friend', cân Don Williams. 'Gyda llaw,' medda hi, 'mae 'na hwyliau reit dda ar Ronnie heno!'

Wrth sbio'n ôl ar ambell i beth yr ydan ni wedi'i wneud, mi fydda i'n meddwl weithiau: 'Argian, ddylan ni fod wedi cael mwy am wneud hwnna!' Mae hyn yn dod yn ôl eto at y ffaith y dylen ni fod wedi cael asiant. Yn fwy diweddar rŵan, mi ydan ni wedi dechrau deud: 'Hyn ydan ni isio am wneud peth a'r peth,' ac mae 'na un neu ddau wedi dweud ein bod ni'n rhy ddrud, ond dyna fo, fel 'na mae hi yn y byd canu 'ma.

Fedrwch chi ddim byw ar ganu'n unig yma yng Nghymru. Mae'r rhaglen radio gynnon ni, ac mae gigs yn dal i fynd, ond dydi o ddim byd i fel yr oedd o. Yn gyffredinol, mae'r sin wedi mynd â'i ben iddo. Agorwch chi bapur lleol rŵan i edrych pwy sy'n chwarae yn lle, a chydig iawn sy 'na. Rydan ni'n dal yn lwcus ein bod ni'n dal i fynd. Mae hi wedi tawelu mewn llefydd fel Ceredigion a Sir Gâr, lle roeddan ni'n brysur iawn ers talwm. Ond mae lot o'r llefydd yna, yn enwedig y tafarndai gwledig, wedi cau, ac mae hynny'n biti ofnadwy.

Mae arna i ofn bod y werin wedi colli ffydd yn y nosweithiau yma hefyd. Ond yn ddiweddar mi oedd Wil Tân a ni'n canu yn neuadd bentref Dolau Cothi – neuadd sinc yn dal rhyw gant go dda. Coblyn o noson dda, y lle'n orlawn, noson lawen go iawn a phawb wedi mwynhau, sy'n dangos ei bod hi'n dal yn bosib cael nosweithiau da.

Y 'Dolig Gorau Un

John ac Alun

JOHN AC ALUN

Y goreuon

Dydi'r dirwasgiad ddim wedi helpu, mae hynny'n sicr. Mae angen trwydded i bob dim heddiw, ac yn aml iawn mae'n rhaid cael bownsar ar y drws oherwydd rheolau iechyd a diogelwch. Mae'r peth yn wirion bost. Llefydd fel Neuadd Aberporth, lle mae Mona Jones wedi bod yn trefnu nosweithiau gwych ers blynyddoedd, efo pobol fel ni, Trebor Edwards, Hogia'r Wyddfa ac ati – wel, pwy ddiawl oedd yn mynd i ddod i fan'no i godi twrw?

Mae hi wedi mynd yn fwy a mwy anodd i bobol drefnu nosweithiau. Yn amlach na pheidio, mae'r noson at ryw achos da neu'i gilydd, ac mae trefnwyr yn ffonio i holi am bris. Maen nhw'n dychryn pan dach chi'n deud £500, neu beth bynnag ydi o. Ond erbyn i chi dalu i ni a'r band, ac ystyried yr holl gostau, dydi o ddim llawer. Ydi, mae'n siŵr fod £500 yn lot allan o'r pres maen nhw'n ei wneud ar y noson, ond yn y byd iawn dydi o ddim. Mae'n rhaid cael pethau eraill os ydach chi'n meddwl gwneud bywoliaeth o'r peth. Mi fues i'n lwcus, mi ges i saith mlynedd dda allan ohono fo, ond mi oedd gynnoch chi gyfresi teledu a llawer mwy o nosweithiau yr adeg honno. A wnes i ddim cau'r drws yn llwyr ar yr hyn dwi'n ei wneud heddiw, sef peintio ac ati, felly roeddwn i'n gallu dod yn ôl iddi yn ara deg.

Tasan ni wedi cael yr un raddfa o lwyddiant yn Lloegr, neu Iwerddon, ag yr ydan ni wedi'i gael yng Nghymru, mae'n siŵr na fasa raid i ni boeni am bres heddiw.

☆ Y DDAU'N DATBLYGU'N FAND ☆

Ar y cychwyn cyntaf dim ond Alun a fi oedd 'na – doedd gynnon ni ddim band. Mi oedd gynnon ni stwff PA roeddan ni wedi'i brynu gan Dino – Dino and the Wildfires – o Borthmadog. Mi oedd o wedi gwneud y bocsys i'r sbîcars ei hun, efo derw eirch faswn i'n deud! Argian, mi oeddan nhw'n drwm, hogia bach! Wrth i amser fynd yn ei flaen, ac wrth i ni brysuro, roedd rhaid i ni brynu stwff gwell a buddsoddi mewn offerynnau a gêr wrth gwrs. Wedyn, mi fuo gynnon ni fasydd efo ni ym mhob gig – Gari Williams fel arfer ar y pryd – a pheiriant dryms. Doedd hynny ddim cystal â chael drymar go iawn wrth reswm, ac weithiau mi fydda Charli Britton yn dod efo ni, drymwir Edward H ers talwm. Mi oedd hwnnw'n dipyn o beiriant hefyd! Cês a hanner!

Yn fwy diweddar mae Tudur Morgan wedi bod yn chwarae bâs, ac yn canu cefnlais efo ni. Tudur sydd wedi cynhyrchu chwech o'n halbyms ni hefyd, ac mae o wedi sgwennu sawl cân i ni. Ac erbyn hyn rydan ni'n arfer mynd allan fel band o bedwar – Alun a fi, Tudur, a Simon Barton o Langefni ar y drymiau. Ella bod hynny wedi tawelu pethau i ni ro'm bach o ran llenwi'r dyddiadur, am bo ni'n methu mynd i lefydd bach efo pedwar ohonan ni. Ond dydan ni ddim yn fodlon mynd fel dau y dyddiau yma, anaml iawn beth bynnag, achos ein bod ni'n trio adlewyrchu ein sŵn CD ni'n well yn fyw. Mae pobol yn disgwyl rhywbeth tebyg i'r sŵn hwnnw yn fyw.

Ymhlith y cerddorion eraill yr ydan ni wedi cael y pleser o gydweithio efo nhw mae Graham Land (dryms), Myfyr Isaac (gitâr), Geraint Cynan (allweddellau), Peter Williams o Abertawe, sy'n gyfarwyddwr cerdd ar *Noson Lawen*, Dave Rowland o Lerpwl (gitâr ddur), ac wrth gwrs rhai o'r genod sydd wedi canu cefnleisiau efo ni, Enid Roberts, Eleri Fôn a Lowri Mererid.

Os oes gynnon ni gig yn y de, mi fyddan ni'n tueddu i drio cadw'r diwrnod yn glir. Fydda i ddim yn gweithio yn y bore neu mi fydda i'n gorfod gwagio fy stwff gwaith o'r fan, a'i hail-lenwi hi efo'r offer sain.

Os ydan ni isio mynd i lawr i Gaerfyrddin, ddudwn ni, a'r noson yn dechrau am wyth, mae gofyn i ni gychwyn tua dau yn y pnawn er mwyn cyrraedd cyn i'r gynulleidfa ddechrau cyrraedd, fel bo ni'n cael rhyw *sound check* a phanad a rwbath i'w fwyta cyn dechrau arni. Wedyn, os ydi'r gig yn gorffen tua 10.30 neu 11pm, mi fyddan ni yn y fan erbyn 11.30pm ac adra o gwmpas tua'r tri o'r gloch y bore. Felly mae o rownd y cloc mewn ffordd – 12 awr y dydd. Sy'n dod â ni'n ôl at bres! Erbyn i chi dalu pob dim allan o'r ffi, dydi o ddim yn gadael llawer. Ond os oes gynnoch chi ddwy gig – nos Wener a nos Sadwrn – mae o'n well, ond ella bod y costau'n uwch os ydach chi'n gorfod aros mewn gwesty. Ond dydi hynny ddim yn digwydd cymaint â bydda fo ers talwm. Wrth gwrs, nid y pres sy'n ein cadw ni i fynd, ond y mwynhad. Mi ydan ni wedi cael nosweithiau a phrofiadau bythgofiadwy yn y 25 mlynedd dwytha, a faswn i ddim yn ffeirio hynny am ddim byd.

Yn y dechrau roeddan ni'n aros lot efo pobol, ac mi oedd 'na ryw *novelty* yn hynny, ac roeddan nhw'n edrych ar ein holau ni'n dda iawn. Ond roedd gas gen i un agwedd o aros yn nhŷ rhywun diarth hefyd. Ella y baswn i wedi deffro o'u blaenau nhw, a ddim yn lecio mynd lawr grisia a helpu fy hun i banad a brecwast, er eu bod nhw wedi dweud wrthon ni wneud hynny mae'n siŵr. Wedyn, roeddach chi'n gorfod disgwyl i glywed sŵn rhywun yn codi, cyn y gallech chithau symud.

Erbyn rŵan mi ydan ni'n trafeilio'n ôl ar y noson, ac mae'n braf mewn dwy ffordd: does 'na affliw o neb ar y lôn bron iawn, mond ambell i blisman, fel y soniais i eisoes, ac mi ydach chi'n cael deffro yn eich gwely eich hun yn y bore. Mae hynny'n braf.

Os oes gynnon ni gig yn y pentref, ac mae gynnon ni un fel arfer o gwmpas y Dolig, mi gawn ni gwpwl o ddrincs ac ymlacio a mwynhau ein hunain fwy ar y noson honno. Mi fyddan ni'n canu tan wedi hanner nos, ac mi gawn ni adael y stwff yno tan y diwrnod wedyn.

☆ CYMÊRS ☆

Rydan ni wedi dod ar draws lot o gymeriadau wrth fynd i wahanol lefydd i ganu. Dwi'n cofio ni'n mynd i Lisdoonvarna yn Iwerddon a chriw o Gymry'n dod efo ni. Cwmni Seren Arian oedd yn trefnu'r trip, ac mi oeddan ni wedi bod yn ei hysbysebu fo, ac mi lenwon ni ddau fws, dim problem.

Mi oedd Alun a finnau wedi cael benthyg Land Rover gan gwmni Conwy Land Rover, efo enw'r cwmni a John ac Alun ar ei hochr hi, ac yn honno yr oeddan ni'n teithio! Wel, mae isio'i lordio hi weithiau, does? Landio rŵan yn Gaernarfon yn y bore i gyfarfod pobol yn y gwesty cyn cychwyn, ac mi oedd 'na gymêr o'r de o'r enw Armond ar y trip. Ond y peth oedd, mi oedd o wedi edrych ymlaen cymaint nes ei fod o wedi dod i fyny ar y nos Fercher, ac wedi mynd i gyfarfod y bws fore dydd Iau – ddiwrnod yn rhy fuan! Wel, mi fuon ni'n chwerthin am y peth drwy'r penwythnos.

Mae 'na ffrind da i ni o Adpar, Castellnewydd Emlyn, Emrys Jones, sy'n ffeindio'i ffordd i bob un o'n gigs ni yn yr ardal honno. Mae gynno fo jympar efo John ac Alun ar ei chefn hi. Mi wneith o gario'r gêr i gyd o'r car i ni, ac ar ddiwedd nos mi ddaw aton ni efo bag bach. 'Dyma chi bois, ar gyfer nos yfory ...' – paced o fisgets i'w cael efo panad wrth wneud y rhaglen radio. Diolch, Emrys!

☆ GIGS A FU ☆

Mi fydd pobol yn ein holi ni weithiau pa artistiaid i'w cael efo ni er mwyn gwneud noson ohoni, ac mi fydda innau'n deud, 'Wel, dduda i wrthoch chi pwy fydd yn dŵad efo ni weithiau ydi Wil Tân.' Ac erbyn hyn mi ydan ni'n gwneud dipyn o nosweithiau efo'n gilydd. Mi fyddan ni'n canu efo fo ar y diwedd, ryw bedair cân ac mae o'n canu un neu ddwy efo ni. Mae hi'n noson fach iawn, ac mae pobol yn cael eu hadloniant.

Fedrwch chi ddim enwi un gig benodol fel yr orau, nac un lleoliad chwaith. Mi ydan ni wedi cael llwythi o nosweithiau gwych yn y de a'r gogledd. Mi oedd Glantraeth, oedd yn cael ei redeg gan deulu Tudur Owen y digrifwr, yn lle da i ni, ac roedd Iolo ei dad o'n gefnogol iawn i ni o'r cychwyn. Mi oeddan ni'n mynd yno unwaith, neu ddwywaith y flwyddyn weithiau, am flynyddoedd.

Mi aethon ni â llond bws o Ben Llŷn efo ni ryw dro, ac roedd rheiny wrth eu boddau achos doedd y bar ddim yn cau yno! Dwi'n cofio Mam yn dod efo ni un tro, ond roedd hi wedi mynd i'r bws ers meitin, isio mynd adra! Mi oedd hyd yn oed dreifar y bws yn enjoio'i hun. Roeddan ninnau'n mynd ar y bws a'r gêr i gyd yn y bŵt. Handi iawn!

Dwi'n cofio Gwyneth, howscipar Taid, neu Ila, fel y bydden ni'n ei galw hi, yn dod efo ni yno unwaith. Wrth fynd dros Bont Borth dyma wraig oedd yn eistedd efo hi'n holi be oedd y goleuadau oedd i'w gweld yn y pellter. 'Lle 'di fan'na Sionyn?' medda Ila wrtha i. 'Manchester, Ila,' medda finna. 'O.' A dyma hithau'n troi at y wraig a deud 'Manchester di fan'na Mrs Jones.' Greaduras! Bangor oedd o, wrth gwrs, ond doedd hi ddim wedi bod i lawer o lefydd erioed.

Lle arall fu'n dda i ni oedd Tafarn Beca, yn Nhre-lech lle roedd y tafarnwyr Don a Rita James yn trefnu nosweithiau gwych ers talwm. Mae'r lle wedi cau bellach, yn anffodus.

☆ ALUN A FI ☆

Mae Alun a fi'n byw mor agos at ein gilydd – milltir a hanner sy 'na rhyngddon ni. Mi ydan ni'n mynd i ganu efo'n gilydd, ymarfer (weithiau), ac yn teithio i Fangor bob nos Sul i wneud y rhaglen. Ond os na fydd gynnon ni gig, hwyrach na wela i mo Alun tan y Sul wedyn. Gweithio efo'n gilydd ydan ni. Mae 'na ffasiwn beth â gormod o bwdin. Tasan ni'n mynd allan efo'n gilydd yn ystod yr wythnos hefyd mi fasa'n mynd yn syrffed cyn pen dim.

Dwi'n meddwl ei bod hi'n bwysig fod y berthynas wedi aros fel y mae hi, neu fel arall fasan ni ddim wedi para cyhyd. Dyna sy'n bwysig – ein bod ni'n medru ei gadw fo'n ffresh. Mi oedd 'na amser pan oeddan ni'n rhannu stafell wely pan oeddan ni'n mynd i'r de – ddim yr un gwely diolch byth! Er, ambell waith mi ydan ni wedi cael llety yn y de – mae pobol yn garedig iawn chwarae teg iddyn nhw – ac maen nhw'n eich arwain chi i'ch stafell, ac yn agor y drws ... gwely dwbwl! Finna'n troi rownd a deud: 'Gwrandwch ... pob parch a diolch yn fawr iawn i chi, mi ydan ni'n canu efo'n gilydd, a rydan ni'n ffrindiau da ond dydan ni ddim yn blydi cysgu efo'n gilydd!'

Yn y blynyddoedd cynnar mi fuon ni ar wyliau efo'n gilydd i lawr i Gaerdydd – y ddau deulu'n mynd, a dwi'n cofio mynd i Butlin's Pwllheli, pan oedd y plant yn fach a pan oedd o'n Butlin's yr adeg hynny. Ond dwi ddim mo'r teip i fynd ar y *swings* 'ma a'r *roller coasters* a ballu, a'r oll roeddwn i'n ei wneud oedd eistedd yn y gwaelod yn bwyta hufen iâ, ac yn gwylio Alun yn mynd â nhw!

Mae Angharad yn gweithio chydig yn Swyddfa Bost y pentref, ac mi fydd rhai'n dod i mewn weithiau ac yn deud: 'Gwraig John ac Alun 'dach chi, 'te?'

'Y... wel ... gwraig John, ia ...'

☆ DYSGU CANEUON ☆

Mewn gigs yr ydan ni'n dysgu caneuon newydd erbyn hyn, mae gywilydd i mi ddeud, mae'n siŵr! Rhy ddiog i drefnu ymarferion call ydan ni! Ond mi ydan ni'n cyrracdd ddigon buan, ac ella wna i ddechrau deud: 'Glywish i hon heddiw bois ...' a dechrau canu. Alun yn ymuno ... Tudur ar y bâs ... wedyn Simon yn dod i mewn ... Ac felly rydan ni'n dechrau cael rhyw strwythur iddi. Ei chanu hi wedyn i bwy bynnag fydd yn y stafell, a dyna fo. Ella wnawn ni ei hymarfer hi wedyn yn bob gig. Mae'n ffordd gyfleus, achos dydan ni ddim yn gweld ein gilydd yn aml iawn fel arall, nac ydan? Mae pob un yn brysur efo gwahanol bethau. Ond os mai cân newydd gen i ydi hi, mi fydda i fwy na thebyg wedi bod drwyddi efo Alun cyn ei chwarae hi i weddill yr hogia, jest i gael mwy o sylfaen.

Mae gynnon ni ryw hanner dwsin o ganeuon Saesneg at pan fydd angen rwbath felly. Mi wnaethon ni bigo un i fyny yn ddiweddar, 'Born To Be With You'. Dwi'n cofio Dave Edmunds yn ei chanu hi yn yr 1970au cynnar. Mi fydd rhai yn cofio mai Dave – Cymro o Gaerdydd – oedd yn chwarae'r gitâr ar LP gyntaf Dafydd Iwan. Mi ffeindish i wedyn fod y gân yna'n mynd yn ôl i'r 1940au, a dwi'n meddwl mai tair merch groenddu oedd yn ei chanu hi'n wreiddiol. Glywish i fersiwn gwlad ohoni wedyn gan Foster and Allen, a rŵan mi ydan ni wedi gwneud fersiwn ohoni. Dwi wrth fy modd efo stwff yr 1960au a'r 1970au ac mi ydan ni wedi dysgu honno i'r dim a rhoi'n stamp ni arni hi. A fel'na yn union wnaethon ni ei dysgu hi – trwy'i chwarae hi'n anffurfiol cyn gig.

Mi ydan ni'n tueddu i ganu'r un caneuon ym mhob gig, am ein bod ni'n mwynhau eu gwneud nhw. Ond mi gewch chi rywun yn dod i fyny o'r gynulleidfa ambell waith ac yn gofyn am gân arbennig. Er enghraifft, mi ofynnodd rhywun am 'Y Ddawns Olaf' yn ddiweddar. Arglwy', roedd y ddau ohonan ni'n sbio ar ein gilydd: 'Sut ddiawl mae honna'n mynd?' Ella nad oeddan ni wedi'i chwarae hi o gwbl ar ôl ei recordio hi!

☆ CHRIS AC ANN REES ☆
Caerfyrddin

Pan ddaeth John ac Alun i Gaerfyrddin i ganu am y tro cyntaf, gyda ni yr arhoson nhw. Yr hyn dwi'n gofio fwyaf am yr amser hynny yw ein bod ni ar ein traed tan dri neu bedwar yn y bore yn siarad am fiwsig ac yn cael un neu ddau Jack Daniel's bach!

Yr ail waith y daethon nhw i lawr, roedd bachan yn chwarae *keyboards* 'da nhw, o'r enw Chris Senior. Mae Chris yn figan – nage llysieuwr, ond figan, sydd ddim yn bwyta cig nac yn gwisgo lledr. Nawr, roedd Ann y wraig a finne'n gweld hyn bach yn ddoniol, achos bwtsieriaid y'n ni. Roedd e'n aros yn y tŷ anghywir yn ein barn ni! Fi yw'r bumed cenhedlaeth o fy nheulu i redeg y busnes ym marchnad Caerfyrddin. Nid yn unig yr oedd Chris yn figan ond roedd ci ganddo fe, ac roedd hwnnw'n figan hefyd, yn bwyta dim byd on cabej a bananas a phethach fel'ny! Ro'n i'n gweld hyn yn od a dweud y lleiaf – mae ci wedi cael ei wneud i fwyta cig yn fy marn i. Ond roedd cath gyda ni ar y pryd, ac fe gafodd y ci lond bola o'i bwyd hi!

Mae John a finne'n rhannu un diddordeb mowr – Elvis Presley. Dwi'n ffan mowr o Elvis, ac roeddwn i wedi sôn erioed y bydde'n neis mynd draw i Graceland a Memphis rhywbryd. Felly, pan ffoniodd John i ddweud eu bod nhw'n mynd draw i Nashville, ac i Graceland, fe neidies i at y cyfle. O'r holl bobol oedd ar y trip, Ann a finne oedd yr unig ddau hwntw, ar wahân i un neu ddau o'r criw camera ac ati. Ond mi ges i wireddu fy mreuddwyd, diolch i John ac Alun mewn ffordd.

Wna i byth anghofio pan ganodd y bechgyn yn y Ryman Auditorium, roedd 'na aelodau o ryw Gymdeithas Gymraeg – Nashville dwi'n credu – yn y gynulleidfa, ac roedd eu clywed nhw'n cyd-ganu 'Chwarelwr' yn Gymraeg efo acen Americanaidd gref yn ddoniol iawn i Ann a fi. Roedden ni mewn *stitches* yn wherthin!

Rydyn ni wedi gwneud lot gyda John ac Alun dros y blynyddoedd, ac wedi dod yn ffrindie da iawn, nes ein bod yn cymdeithasu gyda'n gilydd pan ddaw cyfle. Ry'n ni wedi bod lan i Dudweiliog sawl gwaith er enghraifft.

Roedd fy rhieni yn arfer cadw pysgodfa – llyn brithyll – yng Nghaerfyrddin, ac

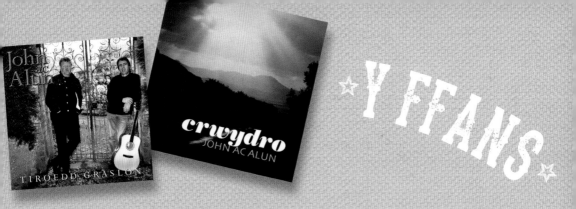

fe aethon ni â John ac Alun yno un tro. Mae'r ddau wedi arfer pysgota yn y môr, wrth gwrs, a phan drodd Alun i fyny yn y siwt un-darn plastig hyn, fel tase fe am fynd allan mewn cwch ar y môr mawr, fe gawson ni lot o sbort!

Roedden ni'n arfer dilyn Hogia Llandegai hefyd, ac yn ffrindiau mowr gyda Now, Nev a Ron, ac roedden ni wedi mynd lan i'r gogledd ar gyfer un o'u cyngherddau olaf, os nad yr olaf, yn Neuadd Ogwen, Bethesda. Ond roedd rhew ar y ffyrdd y nosweth 'ny, ac fe gafodd y noson ei chanslo. Roedden ni'n aros yn y Lion yn Nhudweiliog, ac fe gawson ni noson arbennig gyda John ac Alun a'u ffrindiau, yn canu ac ati.

Achlysur arall dwi'n ei gofio, reit ar ddechrau eu gyrfa nhw, oedd pan ddaeth llond bws o 30 o ffrindiau a theulu i lawr 'da nhw o'r gogledd. Roedden nhw'n canu yn y Llanina yn Llanarth ar y nos Wener, a doedd ganddyn nhw ddim cyngerdd ar y nos Sadwrn, felly dyma fynd am fwyd a chwpwl o beints yma ac acw rownd Caerfyrddin. Wel, mae'n anodd mynd at y bar pan mae 30 o bobol yn cyrraedd rhywle yr un pryd, felly be wnaethon ni oedd mynd i'r clwb hyn – y Gremlin Club – clwb ex-RAF yw e.

Gofynnais ar y drws a gaen ni ddod i mewn, gan ddweud y bydde'n fuddiol i'r clwb gael dros 30 o bobol sychedig i mewn am awr neu ddwy, a iawn, mi gawson ni fynd i mewn. Roedd 'na fenyw'n canu yno ac yn trial chware gitâr, ond pob parch, doedd hi ddim yn dda iawn. Roedd un neu ddau o aelodau'r clwb wedi adnabod John ac Alun, felly fe gawson nhw wahoddiad i'r llwyfan i roi cân. Wel, fe gawson nhw *standing ovation*, ac encôr i ganu dwy neu dair cân arall.

Maen nhw'n ddau foi ffein iawn, ac yn ffrindie da iawn. Ci tawel yw Alun, a chi tawel sy'n cnoi medden nhw, ynte fe? Alun yw'r cymeriad, y tynnwr coes, ac mae John jest yn ffrind da iawn. Mae hi wedi bod yn bleser dod i'w nabod nhw a mwynhau eu cwmni a'u cerddoriaeth dros y blynyddoedd. Daliwch ati, bois!

ALUN: CYFANSODDI CANEUON

PENNOD 10

Wnes i rioed feddwl sgwennu cân cyn dechrau John ac Alun, ac yn sicr ches i ddim cyfle i wneud cyn hynny. Yr unig drafferth ydi, dwi'n cael syniad yn fy mhen am gân ac yn sgwennu'r pennill cyntaf heb ddim problem yn aml iawn, ond wedyn mae'r Odliadur yn dod allan, ac wrth gwrs mae'r syniad gwreiddiol yn cael ei barcio ro'm bach, ac yn cael ei lywio gan yr Odliadur, yn lle fel arall. Ond dyna fo, dwi'n falch iawn o'r cyfle i sgwennu. I mi mae o wedi bod yn gyfle pwysig, ac ar lefel bersonol mae hwnna'n uchafbwynt i mi.

Un o fy nghaneuon i ydi 'Os Na Ddaw Yfory'. Y stori tu ôl i honno ydi hanes Thomas Hamilton yn Dunblane yn mynd i'r ysgol gynradd leol un bore, a saethu 16 o blant ac un oedolyn yn farw. Roedd John a finnau'n digwydd bod yn teithio i gig ar y pryd, ac yn clywed y newyddion trist ar y radio. Dyma'r lein 'ma'n dod i mhen i: 'Be wnei di os na ddaw yfory ...' Meddwl oeddwn i nad oedd yfory i'r plant bach 'ma. Bywydau wedi cael eu chwalu, ac eraill wedi eu creithio am oes. Mi aeth y syniad i rywle wedyn, fel sy'n dueddol o ddigwydd efo syniadau! Ond mewn rhyw wythnos, mi ddaeth yn ôl, ac mi sgwennais i'r gân.

Un arall ddaeth pan oeddan ni'n teithio i rywle ar gyfer gig nos Sadwrn oedd 'Yn ddiafol ar nos Sadwrn ac yn sant ar nos Sul'. Unwaith fydda i'n cael syniad fel hyn, mae o yna wedyn, yn pigo neu'n cosi, ac mae'n rhaid cael gwared arno fo!

Dwi'n cofio, flynyddoedd maith yn ôl, siarad efo Caryl am gyfansoddi, ac mi ddudodd hi wrtha i, 'Paid byth â chael offeryn wrth dy ymyl pan ti'n sgwennu cân, neu pan ti'n sgwennu alaw ... jest gad iddo fo ddŵad, recordia fo heb unrhyw offeryn, a tyrd yn ôl ati wedyn.' Achos be sy am ddigwydd, os ydach chi'n cyfansoddi efo gitâr neu biano neu beth bynnag, ydi eich bod chi'n mynd i ddibynnu ar y cord nesa yn y gyfres, ac mae hwnna'n llywio'r alaw. Hynny ydi, os ydach chi

yn 'D', mae'ch bysedd a'ch clust yn eich arwain chi i 'A' ac wedyn i 'G' ella, ac wedyn i'r cordiau lleddf sy'n perthyn iddyn nhw. Haws dweud na gwneud, wrth gwrs.

Ond mae strymio gitâr ... yn hwyr yn y nos ella ... llymad bach o wisgi wrth fy ymyl ... yn dod â syniadau hefyd. Mae rhwbath yn dod o rywle. Fel'na ddaeth 'Yr Wylan Wen'. Be wnes i efo honno oedd peidio â chwarae'r cordiau yn eu siapiau arferol – ond eu chwarae nhw yn uwch i fyny gwddf y gitâr. Mae'n rhoi sŵn fymryn yn wahanol.

☆ Y FI, Y CI A'R GITÂR ☆

Dwi'n hoff iawn o brynu gitârs! Mae gen i ddwsinau wedi bod, mae'n siŵr, a hyd yn oed rŵan mae gen i chwe gitâr acwstig a phum gitâr drydan o gwmpas y lle 'ma. Bob tro yr oeddan ni'n gwneud cyfres deledu, mi oeddwn i'n prynu gitâr, fel bod gen i rwbath i'w gofio – a rhwbath i'w ddangos am y gyfres honno. Mi fydda i'n sbio arnyn nhw, ac yn cofio 'Cyfres peth a'r peth oedd honna ...' ac mae o'n golygu rwbath i mi.

Mae gan bob gitâr ei chymeriad ei hun, ac mi fydda i'n eu chwarae nhw'i gyd yn eu tro, dibynnu sut dwi'n teimlo ar y pryd, neu be sydd ar y gweill o ran gigs John ac Alun. Ella wna i ddefnyddio un gitâr arbennig i ymarfer am sbel, ac un arall dro arall. Dibynnu'n hollol sut dwi'n teimlo. Ond hyd yn oed os nad oes gynnon ni gig yn dod i fyny, dwi'n siŵr o gydio yn y gitâr fwy neu lai bob nos. Pan eith y tŷ yn hollol ddistaw, a dim ond fi a'r ci a'r tân yn dal yn effro, mi fydda i'n cael rhyw diwn bach. Nefoedd!

Dwi wedi bod yn lwcus efo ambell i gitâr dwi wedi'i phrynu, ac wedi cael bargian. Mae hi wedi cau erbyn hyn, ond mi oedd 'na siop dda ym Mangor ar un adeg – Sam's Guitars – ac mi brynais i fwy nag un yn fan'no. Be oedd yn digwydd, medda Sam wrtha i, oedd bod myfyrwyr yn dod yno ar ddechrau tymor, gwario'u pres grant i gyd ar gitâr ddrud, ac ar ôl mis neu ddau roeddan nhw'n ôl yn y siop isio'i gwerthu hi! Doedd Sam ddim am eu prynu nhw'n ôl, nagoedd? Ond chwarae teg iddo fo, mi oedd o'n eu gwerthu nhw ar eu rhan nhw, ac yn cael rwbath am wneud, mae'n siŵr. Mi brynias gitâr Taylor hyfryd yno – sydd ymhlith y gitârs acwstig gorau ar y farchnad – mi oedd hi werth £2,500 ond £1,000 roddais i amdani. Mae gen i Fender Telecaster wen, a brynwyd yn yr un modd – rhywun wedi ei phrynu hi ac angen ei gwerthu i gael pres, ac mi ydw i wrth fy modd efo hi. Dwi rioed wedi gweld un cystal.

Mi fuo gen i gopi o Gibson Les Paul am sbel, cyn cael copi Squire o Fender Stratocaster. Mi fydda i'n meddwl am y peth fel hyn: mae Black and Decker yn gwneud yn iawn i fyny i ryw bwynt, ond os ydach chi'n weithiwr proffesiynol, rydach chi angen Bosch neu Makita neu beth bynnag, i wneud joban iawn ohoni. Mae'r un peth yn wir efo gitârs. Os ydach chi wrthi'n aml, rydach chi angen rwbath sy'n mynd i bara ac sy'n mynd i ddioddef yr holl deithio a hyn, llall ac arall.

Y gitâr drydan safonol gyntaf wnes i ei phrynu oedd un wedi ei gwneud â llaw gan Patrick Eggle – gwneuthurwr gitârs o Brydain. Mi oedd ganddi gorff mahogani solat. Pam werthais i hi, dwi ddim yn gwybod, a dwi'n difaru braidd, ond dyna fo.

Ymhlith y ffefrynnau eraill sydd gen i mae 'na Larrivee (o Ganada) a Landola – gitâr fawr *full concert*.

I lawr y lôn o'r gwesty lle roeddan ni'n aros yn Nashville, mi oedd siop enwog Gruhn's Guitars. Wel, sôn am Fecca i rywun fel fi, sydd wrth ei fodd efo gitârs! Mae'r siop ar sawl lefel, ac mae'r prisiau'n codi fesul llawr! Mae pawb yn cael mynd i'r ddau lawr cyntaf, ond cheith rywun rywun ddim mynd i'r trydydd, y pedwerydd a'r pumed oni bai eich bod chi'n Eric Clapton neu rywun fel'na. Yn Gruhn's mae o'n prynu ei gitârs i gyd.

Mae'r gitârs ar y pedwerydd llawr yn rhai dipyn drutach na'r gweddill, ac mae'r pumed llawr fwy na heb yn amgueddfa. Mi oeddwn i'n ei chyfri'n anrhydedd fawr cael mynd i fyny i fan'no pan oeddan ni yn y siop. Oni bai ein bod ni'n ffilmio rhaglen *John ac Alun* faswn i – Alun Roberts o Dudweiliog – byth wedi cael mynd ar gyfyl y lle. Ond mi ges i drio gitâr yn fan'no sy'n dal i wneud i mi wenu hyd heddiw! Martin yn dyddio o 1923 oedd hi, a dim ond cyffwrdd ynddi oedd angen, ac mi oedd hi'n canu fel cloch. Roedd ei pherchennog yn ei chadw hi yno am fod y tymheredd a'r *humidity* yn cael eu rheoli yno. Yn ôl pob sôn, buddsoddiad oedd hi a dim byd arall; doedd o ddim yn ei chwarae hi. Roedd hi werth tua £40,000, ond chefais i ddim gwybod pwy oedd pia hi, chwaith. Roedd 'na gitârs gan artistiaid enwog yno i gael eu trin a'u trwsio hefyd.

Am wn i, mae rhywun yn chwilio am berffeithrwydd ar hyd yr adeg, a dyna pam dwi'n prynu cymaint o gitârs. Maen nhw'n deud mai'r Fender Telecaster ydi'r gitâr orau i gael y twang canu gwlad adnabyddus hwnnw, a chyn yr un wen sydd gen i rŵan, mi oedd gen i Telecaster goch. Ond hyd yn oed wedyn, roedd y ddwy'n wahanol.

Yn wreiddiol, dwi'n siŵr mod i wedi mynd ymlaen ac ymlaen yn swnian ar Mam a Dad i gael gitâr, nes yn y diwedd dyma gael mynd i siop Gray-Thomas yn Gaernarfon i brynu un. Honno oedd gen i yn Llundain, ond dwi ddim yn cofio be ddigwyddodd iddi wedyn, chwaith. Mi oedd Laura Pant Gwyn – fferm wrth ymyl lle roeddwn i'n byw – wedi cael gwersi gitâr, ac mi es i ati hi i gychwyn. Hi ddysgodd y cordiau i mi, ond ar ôl hynny, ar fy mhen fy hun wnes i ddysgu. Mi gymerais i rai pethau o lyfr enwog Bert Weedon, ond wnes i ddim mynd drwy'r llyfr. Methu disgwyl i chwarae, a dim amynedd mynd drwy'r llyfr yn iawn.

Wna i ddim rhoi gwersi i bobl – yn un peth dydi o ddim ynof fi i ddysgu rhywun, ac yn ail, dwi isio gorffen cyn cychwyn. Ond pan mae pobol yn gofyn i mi am gyngor am brynu gitâr, mi fydda i'n deud, 'Peidiwch â phrynu'r rhataf welwch chi, prynwch y rhataf fedrwch chi fforddio.' Does 'na'm byd gwaeth i berson ifanc na thrio dysgu ar gitâr lle mae'r tannau tua hanner modfedd uwch ben y gwddw. Mae hi'n goblyn o job eu pwyso nhw i lawr yn iawn, a does 'na ddim byd mwy rhwystredig i rywun sy'n dysgu. Mae peryg iddyn nhw roi'r gorau iddi. Roedd fy ngitâr gynta i fel'na, ond mi wnes i gario mlaen. Ond oherwydd hynny, dwi'n meddwl fy mod i'n pwyso'n rhy galed ar y tannau hyd heddiw. Mae 'na dyllau yng ngwddf y Telecaster wen, lle mae'r bysedd yn cyffwrdd y tannau, a dwi'n meddwl mai'r rheswm am hynny ydi fy mod i'n pwyso'n rhy galed.

☆ MAIR JONES ☆
Rhos-goch

Dwi'n dilyn John ac Alun ers blynyddoedd. Dwi'm yn siŵr iawn faint yn union! Doedd o'n ddim gen i fynd efo ffrindiau i lefydd fel Llanina yn y de, Croesoswallt, Corwen, ac mi fues ar y tripiau i Amsterdam ddwy waith, Iwerddon, ac Ynys Manaw. Ew, dyna i chi drip oedd hwnnw. Sôn am storm. Mi oedd hi'n ofnadwy, ac mi oeddan ni'n meddwl siŵr ein bod ni'n mynd. Fydda i ddim yn mynd cweit mor bell y dyddiau yma, ond mi a i i'w gweld nhw'n lleol, neu os ydyn nhw'n rhywle sydd ddim rhy bell.

Be dwi'n lecio am John ac Alun? Mae gin bawb rywun o ran cantorion yn does, a dwi'n lecio canu gwlad yn gyffredinol. Ond mae 'na rwbath am John ac Alun, rwbath annwyl iawn. Maen nhw'n hogia clên.

Dwi newydd gael llawdriniaeth ar ôl torri fy nghlun. Cael codwm wnes i, a heblaw am fy ffôn symudol faswn i ddim yma, dwi'n siŵr. Mi oeddwn i'n gorwedd ar lawr am ddwy awr yn disgwyl help. Heno (noson John ac Alun yn Cartio Môn, 22 Mawrth, 2013) ydi'r noson gyntaf i mi fod allan ers y ddamwain. Ond doedd 'na ddim byd am fy rhwystro i rhag dod yma heno. Er, hwn fydd y tro cyntaf i mi eu gweld nhw heb fedru dawnsio!

☆ ROSE EVANS ☆
Llanfairpwll

O bawb sy'n gwneud y math yma o ganu, nhw ydi'r gorau! Dwi'n meddwl bod llais John yn fendigedig. Waeth gen i pwy ydyn nhw, does 'na neb tebyg i John. Mae Mair a finna wedi crwydro dipyn i'w gweld nhw. Mi oedd Ynys Manaw yn drip a hanner oherwydd y storm 'na. Mi oedd 'na ambiwlansys a cheir heddlu yn disgwyl amdanon ni pan gyrhaeddon ni, am bod 'na gymaint yn sâl. Ond mae isio mynd yn bell i guro John ac Alun!

✯ CATHERINE LLOYD ✯
Llangefni

Cyd-ddigwyddiad llwyr oedd y ffordd wnes i ddod ar draws John ac Alun gyntaf. Roedd fy ngŵr yn rhedeg busnes partiau ceir, ac roedd gynnon ni geir sgrap ar y safle. Un pnawn dyma fi'n clywed y miwsig gwych 'ma'n dod o'r swyddfa, a pan ddaeth o i'r tŷ, dyma fi'n gofyn iddo fo:

'Be oedd y miwsig 'na oedd gin ti yn y swyddfa gynna?'

'O ryw dâp wnes i ffeindio yn un o'r ceir,' medda fo.

'Argian, mi oeddan nhw'n dda,' medda fi.

'O ddo i â fo i'r tŷ,' medda fo.

'Pwy ydyn nhw felly?' medda fi.

'Wel, mae rhywun wedi deud mai rhyw ddau frawd o Ben Llŷn ydyn nhw,' medda fo.

Mi aeth 'na fis heibio, a dyma'r gŵr yn gweiddi arna i i fyny'r grisiau: 'Rho'r radio ymlaen, mae'r ddau frawd 'na'n canu rŵan.'

Dwi'm yn cofio enw'r gân, ond dyma fi'n clywed eu bod nhw'n canu yn Ysgol Gyfun Llangefni a dyma fi'n ffonio fy chwaer, Heddwen, a gofyn fysa hi'n dod efo fi i'w gweld nhw. A dyna wnaethon ni.

Roeddan ni'n dal i feddwl mai dau frawd oeddan nhw! Ond ychydig wedyn dyma glywed eu bod nhw yn Glantraeth, a dyma ofyn wedyn i Heddwen ddod efo mi i fan'no. Y gân fawr ar y pryd oedd 'Y Ferch o Benrhyn Llŷn', gan Hywel Gwynfryn, felly dwi'n siŵr bod 'na tua 15 mlynedd ers i'r ddwy ohonan ni ddechrau eu dilyn nhw. Roeddan ni'n mynd i Gorwen, Cerrigydrudion, Dinbych, bob man, ond mae'n rhaid deud mai rhai o'r nosweithiau gorau oedd y rheiny yn Glantraeth.

TRAFFERTH MEWN TAFARN

☆ ALUN ☆

Un o'r cymeriadau y daethon ni ar ei draws yn ystod y blynyddoedd cynnar oedd Wyn Ff. Cadw tafarn ychydig y tu allan i Fynydd y Garreg (Llangadog) oedd Wyn, ac mi gafodd y llysenw oherwydd ei hoffter o ddefnyddio'r gair ff**.

Mae un noson yn arbennig yn aros yn y cof. Roeddan ni wedi bod yno'n canu ddwy waith o'r blaen, ac wedi cael nosweithiau da ac wedi cael aros noson yn y dafarn ei hun. Y dyddiau hynny roeddan ni'n dueddol o aros os oeddan ni'n bell o adra, a phob amser yn mynd â bag dros nos (brwsh dannadd a thrôns glân) a sach gysgu yn gefn y fan.

Dyma ni'n cynnal y noson rŵan, a chanu tan tua un o'r gloch y bore, wedyn cael rhyw lymad bach ar ôl i bawb fynd gan ddisgwyl i Wyn ddeud wrthon ni pa stafell i glwydo ynddi. Ond dyma fo'n deud nad oedd stafelloedd ar gael yn y dafarn y tro hwn.

'Ond peidiwch â phoeni,' medda fo, 'mae carafán static yng ngwaelod yr ardd.'

A dyma fo'n rhoi'r goriad i ni yn nrws cefn y dafarn a phwyntio ati.

Wrth gerdded i waelod yr ardd mi sylwodd y ddau ohonan ni ei bod hi'n drybeilig o oer, a phob man dan haenan dew o farrug a rhew. Yn y garafán roedd 'na dân nwy yn mynd ffwl pelt – ond roedd 'na ogla tamp yno a dim llawer o wres i'w deimlo. Yn y stafell wely mi oedd hi mor oer nes fod yr angar ar du mewn y ffenast wedi rhewi ac *icicles* yn hongian o'r to.

'Da wan, Jôs – blydi grêt!' medda finnau.

Roedd y stafell wely'n rhy oer, felly dyma benderfynu cysgu yn y stafell lle roedd y tân – un yn gorwedd ar y *settee* a'r llall ar y llawr – cyn agosed ag y medrem fentro at y tân, gan droi hwnnw i fyny i'r eithaf. Wnaeth 'run ohonan ni feiddio tynnu'r un dilledyn, ac aethom yn syth i'r sach i drio cysgu. A rhywsut neu'i gilydd, mi aethom i gysgu – Duw a ŵyr sut, ond ella ei fod o i lawr i'r ffaith fod 'na dipyn o anti-ffrîs yn ein bolia!

Mi ddeffron ni'n gynnar iawn yn y bore, yn oer uffernol ac yn sylwi bod 'na ryw sŵn ffyt, ffyt, ffyt yn dod o rhywle yn y twllwch. O'r tân nwy oedd o'n dod, a be oedd o oedd sŵn y *pilot light* yn ceisio'i orau i ddal i fynd. Dan ni ddim yn siŵr hyd heddiw ai ar fin rhedeg allan oedd y nwy ynta a oedd hi mor oer fod y nwy yn y botel tu allan wedi rhewi.

Dyma godi wedyn, ac mae'n siŵr fod 'na rywfaint o benmaen-mawr ar y ddau ohonan ni, ond mi wnaethon ni drio mynd i folchi, o leiaf. Mynd i'r bathrwm (carafán nobl statig, cofiwch) – ond doedd 'na ddim gobaith molchi – roedd 'na goes nobl o rew yn sticio allan o'r tap! Dim byd amdani ond ista hefo'r sach gysgu wedi'i lapio amdanon ni a disgwyl tan i ni weld bywyd yn y dafarn. Dwi'n meddwl i ni fynd i'r fan a rhoi'r injian ymlaen i drio cynhesu. Ta waeth, mi gawson ni frecwast digon taclus gan Wyn ac yna M. O. M. Ff. G. – neu'n fersiwn ni'r Gogs – Ff. O. M. R. S.

Mae honna'n dod â stori arall i'r cof am y Red Lion yn Llandyfaelog. Roeddan ni wedi cynnal noson yn rhywle ac roeddan ni'n aros yn y Red Lion. Dwi'n cofio cyrraedd yno yn oriau mân y bore a'r lle fel tasa hi'n ganol pnawn. Cael sgwrs a llymad hefo sawl un yn y bar a wedyn gofyn am y stafell. Doedd 'na ddim sôn am oriad na dim byd, jest: 'Ti yn stafell 4 ac mae John yn stafell 6,' math o beth.

Dyma Robaitsh i fyny'r grisiau (chydig yn sigledig, mae'n siŵr) ac i stafell 4. Roedd hi'n ddu fel bol buwch, a dyma fi'n dechra tynnu fy nillad a chael rhyw hen deimlad nad o'n i ar fy mhen fy hun. Doeddwn i ddim yn gallu ffeindio'r swits golau, felly mi agorais y drws i drio cael goleuni ar y mater ac yn y gwyll mi sylweddolais fod 'na rywun yn y gwely'n barod!

Wrth i fy llygaid arfer ychydig mwy yn y gwyll, nid rhywun oedd yn y gwely ond dwy ferch yn cysgu'n sownd! Panics! Stafell anghywir, myn diawl. Doedd 'na ddim amser i roi fy jîns amdanaf, dim ond bachu fy mag a fy mhethau ac allan. Dyma fi'n gwrando rŵan i weld oedd 'na unrhyw sŵn yn dod o'r stafell – ond diolch byth doedd 'na ddim byd. Dyma jecio'r rhif ar y drws – rhif 4 – blydi hel! Hwnnw oedd y rhif roddwyd i mi. Dyma fi'n gwisgo amdanaf ac mor cŵl ac y gallwn fod, i lawr â fi i'r bar a hefo'r llais gora fedrwn i ei ffeindio dyma drio egluro mod i'n meddwl bod 'na rywun arall yn y stafell. Panics mawr! Roedd rhywun wedi rhoi'r stafell i ddwy *backpacker* o

Awstralia ond heb nodi hynny yn y llyfr. Do, mi ges i stafell arall, ac mi ges i noson o gwsg – yn y diwadd!

☆ WAAA! ☆
JOHN YN HEL ATGOFION

Mi ddigwyddodd rhywbeth digon cofiadwy – a doniol o sbio'n ôl – pan oeddan ni'n canu ryw dro yng ngwesty Bryn Morfydd, Llanrhaeadr, Dyffryn Clwyd.

Lle hyfryd, ac mi oedd Broc Môr a'r comedïwr Glyn Owens efo ni yno. Yn digwydd bod, mi oeddan ni'n aros efo Glyn y noson honno, yn Rhuthun. Mi oedd hi'n noson dda, ac mi oedd yr hogia wedi cael dipyn o sôs erbyn y diwedd, ac mi gawson ni dipyn mwy ar ôl dod yn ôl i dŷ Glyn, a brechdanau i fwyta a ballu. Dwi'n siŵr ei bod hi tua dau neu dri o'r gloch y bore arnon ni'n clwydo. Y bore wedyn dyma fi'n codi i fynd i'r tŷ bach, ond doeddwn i ddim yn cofio'n iawn lle roedd o. Roedd 'na dri posibilrwydd – tri drws, a'r cwbwl lot wedi cau. Dyma fi'n trio dyfalu, a phenderfynu yn y diwedd mai'r drws canol oedd o. Anghywir! Y cwbl glywais i oedd sgrech 'Waaaa!' dros y lle! Roeddwn i wedi cerdded i mewn i stafell wely Glyn a'i wraig (ar y pryd). Roedd hi'n digwydd bod yn paratoi i fynd am gawod, ac roedd hi'n noeth! O diar! Mi gythrodd am y dillad gwely i drio'i chuddio'i hun, tra oedd Glyn yn gweiddi: 'Be *** ti'n wneud yn fama?' Ond mi gawson ni i gyd hwyl am y peth wedyn, diolch byth.

Dwi'n cofio stori ddoniol arall am Charli Britton, drymiwr Edward H gynt, yn chwarae efo ni mewn cyngerdd yn yr Oriel House, Llanelwy, rhyw dro hefyd. Roedd o wedi cael cyfarwyddiadau sut i gyrraedd y lle, ond mi oedd o'n hwyr. Doedd 'na mond deng munud i fynd tan oedd y noson i fod i ddechrau, ac roedd o angen gosod ei ddryms eto. Beth bynnag, dyma fo'n ffonio a holi eto lle oedd y lle, gan ddeud ei fod o newydd weld arwydd 'Welcome to England'. Roedd y creadur wrth ymyl Caer yn rhywle! Mi oedd y noson yn mynd i fod yn hwyr yn cychwyn rŵan, ond ta waeth am hynny. Mi oeddwn i'n poeni mwy am be ddigwyddodd wedyn. Mi welwn i fan wen Charli'n cyrraedd, yn gyrru fel peth gwirion, ac mi yrrodd dros lawnt y gwesty er mwyn parcio mor agos â phosib at y drysau, a gadael ôl olwynion ar hyd y gwair i gyd!

PETE A'R CWT

TUDUR HUWS JONES

Yn nhopia Llanberis, pan na fedrwch chi fynd fawr pellach mewn car, mae 'na deras o dri tŷ, ac yn y cyntaf o'r rheiny mae 'na ryfeddod. Nid gwaith celf, nid rhyw drysor hanesyddol prin, nac un o wyrthiau byd natur sydd yno. Dim ond cwt pren syml ym mhen yr ardd.

Neu felly mae'n ymddangos o'r tu allan. Ond ar y tu mewn mae o'n llawer mwy na chwt, coeliwch chi fi, ac mae o'n rhan o chwedloniaeth rhaglen radio John ac Alun.

Bob nos Sul o gwmpas yr hanner awr wedi wyth 'ma, mae Pete Fretwell, ei wraig Nerys, ac amryw o ffrindiau yn dod at ei gilydd yn y cwt i gymdeithasu a gwrando ar y radio. Maen nhw'n wrandawyr cyson ar y radio (mae Pete, er enghraifft, yn hoff o Classic FM), ond John ac Alun ydi pinacl yr wythnos.

Pan alwodd Anna, fy ngwraig, a finnau heibio, dyna lle roedd Pete a'i fêt, Cliff Jones yn eistedd o boptu'r stof losgi coed, Nerys mewn cadair freichiau fechan gerllaw, ac wrth ei hymyl hithau, yr annwyl Wendy 'Lolipop' Jones, â'i gwên siriol. Toc daeth Llifon, mab Pete a Nerys i mewn, ac yn ddiweddarach, Emma, ei gariad. Fel hyn mae hi yng Nghwt Llanbêr bob nos Sul yn y gaeaf – drws agored, croeso i bawb, ac efo'r stof yn mynd, mae hi'n glyd a chynnes fel nyth dryw yno. Yn aml iawn mi wneith Pete aros yno ei hun tan fydd y tân wedi diffodd.

'Mae hi'n dri o'r gloch y bore arna i yn aml iawn, a weithia os byddan ni mewn hwyliau ac yn canu, mi wneith Nerys ffonio fi o'r tŷ, ar y mobeil, i ddeud wrtha i gadw'r sŵn i lawr! Ond weithiau, yn yr oriau mân mi fydda i'n gwrando ar Classic FM, a dwi'n ffonio'r rhaglen honno o dro i dro hefyd. Mi roddodd Bob Jones, y cyflwynydd, fensh i mi ar y rhaglen yn ddiweddar,

"This one's for Pete in the shed in Llanberis ..." Mi o'n i'n falch o hynny!'

Yn yr haf, mae'n bosib y daw rhagor heibio achos, os ydi'r tywydd yn braf, mae 'na siawns go lew y bydd y barbeciw'n mynd ffwl sbid tu allan.

Maen nhw yn y cwt ar nos Sadyrnau ac ambell i nos Fercher hefyd, ond yn nhermau bocsio, nos Sul a rhaglen John ac Alun ydi'r *main event*. Mae'r hogia hyd yn oed wedi darlledu o'r cwt unwaith, ac mae pobol yn dal i sôn am y rhaglen honno.

Weithiau mi fydd Pete a'i fêts yn gwrando ar CDs, neu hyd yn oed yn cael dipyn o hwyl efo'r peiriant karaoke, sy'n cuddio tu ôl i'r bar. Bar? Oes, mae 'na beth felly yno hefyd. Ond fedrwch chi ddim prynu diod yno – pawb i ddod â'i gwrw ei hun, dyna ydi'r drefn yng nghwt Pete.

Sgwrsio ydi'r prif adloniant, a chyfle i gymdeithasu efo ffrindiau. Mae 'na bob math o drugareddau canu gwlad a chowbois ar y waliau, ac i goroni'r cyfan, ar y nenfwd mae 'na gannoedd o fatiau cwrw o bob lliw a llun ac o bob cwr o'r byd. Clwb cymdeithasol rhad ydi disgrifiad Nerys o'r cwt, am fod pawb yn dod â'i ddiod ei hun, ac yn aml iawn mae ganddi hyd yn oed sosbenaid o swp pys neu lobsgows yn ffrwtian ar y stof.

Dechreuodd y cyfan un noson o haf tua 10 mlynedd yn ôl pan oedd Pete a Nerys yn eistedd allan yn yr ardd yn gwrando ar raglen John ac Alun.

'Mi oeddan nhw'n sôn am y cwt 'ma yn Nefyn,' meddai Pete, 'a dyma John yn deud: "Sgwn i wneith criw cwt Nefyn ffonio heno?" Roeddan ni'n eistedd o dan y *gazebo*, yn gwrando ar hyn, a dyma ni'n ffonio'r rhaglen am hwyl a deud ein bod ninnau mewn cwt yn Llanbêr, a dyma Alun yn deud, "Ewadd, gobeithio y bydd criw cwt Llanbêr yn ffonio mor aml â rhai Nefyn, 'de John?" A felly fu. Ond roeddwn i wedi cael syniad yn fy mhen rŵan i wneud cwt go-iawn. Ro'n i wedi gosod *decking* yno'n barod, ac mi ddechreuais trwy godi pedair congl rownd hwnnw. Wedyn roedd hi'n fatar o gael coed i wneud y waliau a'r to – *pallets* oedd y rhan fwyaf, a shîtiau sinc. Mae 'na un wal yn gwyro am allan dipyn bach. Gwynt wnaeth hynna un noson, ond mi gnociais i hoelan chwe modfedd i mewn, ac mae hi'n iawn byth ers hynny!

'Mae 'na fwy nag un estyniad wedi bod, a'r datblygiad diweddaraf ydi'r bar, gafodd ei wneud allan o silffoedd oedd mewn rhan arall o'r cwt. Roedd pobol yn hitio'u pen arnyn nhw yn fan'no, felly mi wnes i'r bar allan ohonyn nhw!'

Mae Pete a Nerys yn ffans o John ac Alun ers blynyddoedd, ac roeddan nhw'n mynd i'w gweld nhw'n rheolaidd ar un adeg.

'Os oeddan nhw'n canu'n lleol mi oeddan ni yno fel shot, ond mi fuon ni'n mynd yn bellach i'w gweld nhw hefyd – i Hafan y Môr Pwllheli a llefydd felly,' meddai Nerys.

'Mi ydan ni'n cael lot o hwyl yma,' meddai Cliff. 'Mae'n well o beth coblyn na sbio ar y teledu, beth bynnag.'

Er, mi fydd Pete a fo'n gwylio'r bocsio yn y cwt weithia. (Oes mae 'na deledu, a chyswllt lloeren yno hefyd!) Rhan o'r hwyl ydi ffonio rhaglen *John ac Alun*, a disgwyl wedyn i glywed be maen nhw'n ddeud am griw'r cwt.

'Dwi'n cofio pan oedd Cliff yn mynd o 'ma un nos Sadwrn a hitha'n tresio bwrw glaw ac yn chwythu gêl, mi gafodd o fenthyg ymbarél i fynd adra efo fo. Un fawr, goch a gwyn. Ond erbyn cyrraedd adra doedd 'na mond sgerbwd yr ymbarél ar ôl. Roedd y gweddill wedi chwythu i ffwrdd.

'Y noson wedyn – nos Sul – heb ddeud wrth Cliff, dyma ni'n ffonio rhaglen John ac Alun i ddeud be oedd wedi digwydd, a dyma nhw'n gwneud stori i fyny:

Alun: "Wsti pan oeddan ni'n canu yn Nefyn neithiwr?"

John: "Ia ...?"

Alun: "Ti'n cofio be welson ni pan oeddan ni'n pacio'r fan?"

John: "Yndw tad, ymbarél goch a gwyn ..."

'Arglwydd mawr!' medda Cliff, 'Mae 'na rywun arall 'blaw fi wedi colli ymbarél goch a gwyn neithiwr ma raid!'

'Ac efo amseru perffaith, fel tasan nhw yn y stafell efo ni, dyma Alun yn deud; "Ia Cliff, mi gyrhaeddodd dy ymbarél di Nefyn yli!"

'Wel, mi oedd ei wyneb o'n bictiwr, a sôn am chwerthin!

'Mi gawson ni lot o hwyl pan ddaeth John ac Alun yma i wneud y rhaglen hefyd. Ond bod Alun druan wedi sathru mewn cachu ci!'

Nid y locals yn unig sy'n mwynhau pleserau'r cwt, mae o'n hafan i bobl ddiarth hefyd, fel yr adrodda Wendy:

'Noson braf yn yr haf oedd hi, ac mi oedd y tri hogyn ifanc 'ma yn campio yn uwch i fyny na tŷ Pete. Roeddan nhw wedi bod i lawr yn y dafarn, ond roeddan nhw wedi mynd ar goll wrth drio ffeindio'u ffordd yn ôl i'w tentiau. Mi oedd hi'n dywyll erbyn hyn, ac roeddan ni i gyd yn y cwt, ond bod y drws ar agor. "Come in and have a drink with us," medda ni, ac mi ddaethon i mewn. Roeddan nhw'n falch iawn o gael y fath groeso dwi'n meddwl, ac mi oeddan nhw wedi synnu pan ddaethon nhw i mewn. Mi fuon nhw yma tan yr oriau mân ac maen nhw wedi bod yn ôl yma sawl gwaith ers hynny. Mi wnaeth un ddod â'i gariad i fyny yma am ei fod o isio mynd i ben yr Wyddfa i ofyn iddi hi ei briodi fo!'

Ia, lle croesawgar ydi Cwt Llanbêr.

Ond yr eironi mawr ydi nad oedd 'na ffasiwn le â Chwt Nefyn wedi'r cwbl! Un arall o driciau'r ddau walch John ac Alun 'na oedd y stori honno hefyd!

JOHN YN MYFYRIO

☆ SGWENNU CANEUON ☆

Mae sgwennu caneuon yn broses ryfedd mewn un ffordd. Ella na ddaw 'na syniad am hir, a wedyn pan fo gwirioneddol angen ysbrydoliaeth arnoch chi mae 'na rwbath yn dod o rywle. Roeddan ni'n ymddangos ar raglen Caryl un Nadolig, ac roedd hi wedi gofyn am gân Nadoligaidd catchy gynnon ni. Mi oeddan ni wedi anghofio am y peth bron a bod, neu jest wedi bod yn diogi ella! Beth bynnag, bythefnos cyn oeddan ni i fod i wneud y rhaglen, mi oeddan ni wedi bod yn canu yng Nghenarth ac roeddan ni'n aros ar ff

erm Penygraig y noson honno. Wrth eistedd yn fy ngwely yn fan'no y daeth y syniad am y gân 'Gŵyl y Geni'. Ac mi oedd y ddau ohonan ni'n ei hymian hi yn y car ar y ffordd adra. Does 'na ddim byd fel dedlein i ysbrydoli rhywun i greu rwbath.

☆ GAFAEL YN FY LLAW ☆

Pan ges i'r geiriau i 'Gafael yn fy Llaw' gan y diweddar Glyn Roberts, ro'n i'n gwybod yn syth i ba gyfeiriad roedd yr alaw am fynd. Dyna be da chi'n ei gael pan mae pobol fel Glyn yn sgwennu geiriau – symlrwydd, deunydd baled dda sy'n ei gneud hi'n haws wedyn i ffitio alaw.

Mi wnes i gyfarfod Glyn 'nôl yn 1988. Roedd o yn y gynulleidfa yng nghaffi'r Bel Air ym Mhwllheli, ac mi wnaeth ein cyfeillgarwch ni bara hyd nes ei farwolaeth yn 2012.

Mi fuodd Glyn yn gefnogol iawn i John ac Alun ar hyd y daith. Roedd o'n anfon geiriau i ni, geiriau sydd wedi dod yn adnabyddus heddiw fel 'Y Llais', 'Ein Bro', 'Fan acw fy nghariad', 'Yr Alltud' a sawl un arall. Ond, i mi, yr un y cefais y pleser mwya' o'i pherfformio ydi 'Gafael yn fy Llaw' sydd erbyn heddiw fel rhyw anthem i ni. I Glyn mae'r diolch.

Mi wnes i gyfarfod Hywel Gwynfryn yn Steddfod Cricieth, pan oeddwn i'n canu efo grŵp o'r enw Y Melinwyr, ac mi ddywedodd wrthon ni bryd hynny am ganolbwyntio ar ganeuon Cymraeg gwreiddiol. Mi ddaethon ni'n ffrindiau efo fo wedyn pan ddechreuodd Alun a finnau gyflwyno ein rhaglen ar BBC Radio Cymru. Er mai ar nos Sul y mae'r rhaglen yn cael ei darlledu, ar un adeg roeddan ni'n ei recordio hi ymlaen llaw ar brynhawn dydd Iau, yn stiwdios y BBC ym Mangor, ac mi fyddan ni'n taro ar Hywel yn rheolaidd. Dwi'n cofio un tro mynd i lawr i'r dref am rwbath i fwyta, a Hywel yn gofyn am lifft i'r stesion, er mwyn sbario cael tacsi. Ac ar y ffordd dyma fo'n deud bod o'n mynd i sgwennu cân i ni, ac roedd y llinell gyntaf yn barod ganddo fo, 'Penrhyn Llŷn a'i braich amdanaf ...'

Mi oedd o wedi'i sgwennu hi i gyd erbyn cyrraedd Prestatyn, lle roedd o'n byw ar y pryd, ac mi ffoniodd o fi'r noson honno i adrodd y geiriau. Mi oedd honno'n un o'r caneuon lle daeth yr alaw'n syth i mi, fel 'Gafael yn fy Llaw.'

SIONED A MARI
– GENOD JOHN AC ANGHARAD

HOLI'R PLANT

PAN OEDDACH CHI YN YR YSGOL SUT DEIMLAD OEDD O FOD DAD AR Y TELEDU AC YN ENWOG?

SIONED: Rhyfadd iawn, achos mai Dad oedd o i ni.

MARI: Teimlad rhyfadd achos ro'n i wedi arfar ei weld o'n dod adra yn sment drosdo!

GARETH: Teimlad prowd iawn y troeon cyntaf, ac wedyn i mi'n bersonol, roedd o fel unrhyw 'gig' arall, ond ro'n i'n hapus ar ran Dad.

GWYN: Mi oeddwn i'n teimlo'n prowd ei fod o'n dad i mi.

BRYN: Dwi'm yn siŵr pa mor ymwybodol o enwogrwydd Dad o'n i ar y pryd. Mae'n siŵr fy mod i'n gwbod fod o chydig yn wahanol i dadau eraill! Dwi'n cofio ni'n sbio arno fo bob tro oedd o ar y teledu – roedd Mam yn gwneud yn siŵr o hynny! Ac ar ôl chydig mi ddaeth yn rwbath normal fod Dad ar y radio a'r teledu.

OEDD 'NA DYNNU COES GAN FFRINDIA?

SIONED: Oedd digon! Merch John ac Alun o'n i! Ddim merch John.

MARI: Oedd, yn enwedig pan o'n i'n dawnsio disgo mewn grŵp yn yr ysgol gynradd i'r gân 'Nos Sadwrn' gan John ac Alun!

GARETH: Oedd ambell waith, yn enwedig pan oedd unrhyw oedolyn neu athro yn yr ysgol yn gofyn ai 'mab John ac Alun' o'n i! (Un enghraifft o lawer!) Ond ar y cyfan dim byd rhy sîriys.

GWYN: Na, dim felly. Dwi'n meddwl am fod Gareth a Bryn yn hŷn na fi mi roeddan nhw'n ei chael hi'n waeth na fi – nes i fedru osgoi unrhyw dynnu coes.

BRYN: Dwi'n cofio unwaith yn yr ysgol ddaru cân John ac Alun – dwi'n meddwl mai 'Chwarelwr' oedd hi – gael ei chwarae fel rhan o'r gwasanaeth boreol, ac ar y pryd mae'n rhaid i mi gyfadda ro'n i'n teimlo embaras. Ond, dwi'n meddwl fod hynny fwy i'w wneud efo bod yn fy arddegau cynnar, lle roedd unrhyw beth fasa'n cael ei weld yn 'wahanol' yn destun sbort. Mi oedd fy ffrindia reit dda efo fi a dweud y gwir, a rhai reit genfigennus, dwi'n meddwl!

OEDDACH CHI'N PROWD TA'N CRINJIO?

SIONED A MARI: Y ddau! Crinjio wrth edrych ar y fideos oeddan nhw 'di neud ar gyfar y gyfres deledu. A crinjio pan oedd Dad yn gwisgo trowsus lledr difrifol ar un o'r rhaglenni! Ond prowd gan amlaf am fod yr hyn sy'n dod yn hollol naturiol i Dad wedi ei wneud o'n hapus a llwyddiannus.

GARETH: Crinjio ar rai pethau oedd yn cael eu deud, ond fel mab yn prowd iawn drwy'r amser.

GWYN: Na, prowd oeddwn i.

BRYN: Y ddau dwi'n meddwl.

BE YDACH CHI'N EI GOFIO AM Y CYFNOD PAN OEDD DAD YN BRYSUR EFO'I FIWSIG?

SIONED: Cofio bod adra bob nos Sadwrn efo Mam a chael trît bach sef gwylio 999 a *Casualty* a mynd i'r gwely'n hwyr!

MARI: Dwi'm yn cwyno! Gesh i fynd i Nashville ar drip ac i gartra Elvis pan o'n i'n 13! Trip bythgofiadwy.

GARETH: Dad yn *stressed* isho gwneud yn saff fod popeth yn mynd i fod yn iawn ar y diwrnod neu'r penwythnos, a'r ffaith nad oeddwn i'n saff pryd fydda fo adra neu allan. Os nad oeddwn i wedi gwrando ar ei amserlen am yr wythnos, yr arwydd gorau oedd dod adra a gweld y gitâr a'r offer i gyd yn yr *hall* yn barod i'w llwytho i'r fan. Hefyd, mae hi'n hawdd anghofio ei fod o'n gweithio yn Cyngor Gwynedd yn llawn amser ar y pryd. Dwi'm yn gwybod sut oedd o'n medru gneud y ddau ar adegau!

GWYN: Do ni'm yn dallt be oedd bod ar y teli a ballu, dim ond gwbod bod dad yn gorfod mynd yn amal i recordio – ond ges i'r cyfla i fynd i Nashville a chael trafeilio nôl mewn steil ar yr awyren!

BRYN: Dwi'n cofio mynd i lawr i Gaerdydd am y tro cynta'n hogyn bach oherwydd bod J&A yn perfformio ar y sioe *Gweld Sêr* a chael aros mewn gwesty. Roedd yr elfen yna o bethau yn gyffrous, ac roedd cael gweld Dad ar y llwyfan yn perfformio ac yn mwynhau yn helpu i mi ddeall pam nad oedd o ddim adra ar benwythnosau.

Bryn, Gareth a Gwyn
– Hogia Alun a Jill

SIONED: Roedd hi'n rhyfedd pan oeddan nhw'n mynd o ddydd Gwener hyd nes
amser cinio dydd Sul; roedd dydd Sadwrn yn gallu bod yn hir iawn. Weithiau
doeddwn i ddim yn cysgu'n dda iawn os oedd 'na synau a finna'n gwybod nad
oedd dad yn y tŷ. Pan oedd 'na byncjar ar y beic doedd Mam yn dda i ddim am
drwsho petha felly!

MARI: Roedd Dad a fi'n mynd i bysgota'n aml ond roedd hi'n anodd mynd ar fy
mhen fy hun. Roedd y *rod* bysgota yn fawr a finna'n fach. Roedd Dad a fi'n
mynd â Nel y ci am dro gyda'r nos ond pan oedd Dad i ffwrdd roeddwn i'n
mynd fy hun efo tortsh ond ddim mor bell.

GARETH: Fel plentyn dwi'n meddwl ei bod hi'n amlwg bod 'na adegau lle fysa hi
wedi bod yn dda cael Dad o gwmpas, ddim am unrhyw reswm penodol jest
pethau fel medru cael lifft i dŷ ffrindiau ayb. Ond wedi deud hynny, dwi'n
meddwl fy mod i a fy mrodyr yn deall ei fod o'n golygu lot i Dad, a hefyd roedd

o'n gwneud y pethau yma i'w deulu nid jest am yr *yahoo* i wahanol lefydd.

GWYN: Oeddwn, pan oedd angen trwsio beic, neu angen help efo rhywbeth, ond fel arall na oherwydd fy mod yn dallt bod Dad yn gwneud rhywbeth oedd o'n hoffi.

BRYN: Fel plentyn mae yna dueddiad i ddod i arfer efo *routine*, a felly mi ddaeth yn rhywbeth arferol i ni fod Dad ddim adra ar adegau.

OEDD O'N GWNEUD I FYNY AMDANO FO? DOD Â PHRESANTA I CHI AC ATI?

SIONED: Oedd! Dwi'n cofio cael pâr o glustdlysau newydd o'r Iwerddon a phersawr o'r Iseldiroedd a byrgyrs bendigedig o Gaerfyrddin gan Chris y bwtsiar pan oedd Dad wedi bod i ffwrdd am benwythnos cyfa.

MARI: Ar nos Iau pan oedd o'n mynd i recordio'r rhaglen radio i'r BBC ym Mangor roedd o'n mynd i Tesco weithiau ac yn dod â Coca-Cola yn ôl i mi mewn poteli gwydr. Roedd rheiny'n trît go iawn. O, a chael Toblerone mawr o Iwerddon – hoff iawn o hwnnw!

GARETH: Dwi'm yn cofio, gofynnwch i Dad!

GWYN: Ambell waith, ond ddim pob tro, o be dwi'n gofio. Ond mi rodd na ambell i syrpreis – fel set o ddryms a ddoth o ymyl Caerfyrddin un tro ar gyfer fy mhen-blwydd!

BRYN: Tydw i ddim yn cofio anrheg penodol, rhaid i fi ddweud! Ond mi oedd o wastad yn dda ei weld o'n cyrraedd adra. Dwi'n siŵr bod Mam reit falch pan oedd o adra hefyd gan bo ni'n cadw reiat drw'r penwythnos!

YDI DAD WEDI'CH TROI CHI I AT GERDDORIAETH NEU ODDI WRTHI?

SIONED: Doedd 'na rioed ddiwrnod distaw yn tŷ ni o ran cerddoriaeth – roedd o ym mhobman pan oeddwn yn tyfu i fyny. Roedd popeth yn cael ei chwarae – Tony ac Aloma, Roy Orbison, Beach Boys, Dire Straits, Tom Jones, Queen, Neil Diamond, Hogia'r Wyddfa, Hogia Llandegai, o, a heb anghofio'r brenin ei hun – Elvis. Byddai Dad yn canu yn y gawod, yn y gegin, yn eistedd yn y car ar bnawn Sul yn gorwedd yn ôl ar y gadair ac yn gwrando ar dapiau. Roedd yr arlwy'n eang ac yn sicr roedd cerddoriaeth yn rhan naturiol iawn o'n magwraeth. Mi fûm i'n cystadlu mewn eisteddfodau pan oeddwn i'n iau ac yn chwarae'r piano, y ffidil, y clarinet a'r recorder. Dw i'n gresynu fy mod wedi rhoi'r gorau iddi. Dydi dyfalbarhad fy nhad yn amlwg ddim yn perthyn i mi, yn anffodus.

MARI: Dwi'n chwarae'r gitâr ac yn gallu canu ac mae Dad wedi ein cyflwyno i gerddoriaeth o'r crud. Dwi'n gwerthfawrogi pob math o gerddoriaeth ac yn mwynhau gwylio rhaglenni fel X *Factor* a *The Voice*. Fysa bywyd yn rhyfedd iawn, iawn heb gerddoriaeth.

GARETH: Dwi wedi bod efo diddordeb mewn cerddoriaeth ers pan o'n i'n blentyn bach, ers mi gael hen stereo Dad a gwrando ar ei hen LPs. Dwi wedi breuddwydio sawl gwaith am droi fy llaw at gynhyrchu mewn stiwdio neu sgwennu lyrics.

GWYN: Wedi nhroi i at gerddoriaeth ac at lawer o grwpiau faswn i byth wedi clywed amdanyn nhw fel arall.

BRYN: Yn bendant tydi o heb fy nhroi i ffwrdd o gerddoriaeth. I'r gwrthwyneb. Un o'm hoff bethau ydi gwrando ar gerddoriaeth – mae o'n rhywbeth dwi'n cael pleser mawr ohono, a dwi'n falch iawn fod y gwerthfawrogiad yma gen i. Ar ôl gadael coleg mi es i fyny i'r atig i nôl bocs o hen LPs Dad, records gan Led Zeppelin a'r Rolling Stones, a Status Quo ac ati, pethau dwi'n cofio eu clywed o gwmpas y tŷ pan o'n i'n hogyn bach. Roedd y tŷ yn aml yn llawn miwsig, un ai o'r *hi-fi* anferthol neu drwy Dad yn practisio ar y gitâr. Fy hoff fath o fiwsig ydi miwsig efo gitârs, ac mae hynny'n gorfod bod yn rwbath i neud efo Dad!

OES GANDDOCH CHI UNRHYW DDIDDORDEB MEWN BOD YN RHAN O'R BYD CERDDOROL?

SIONED: Sgen i ddim diddordeb mynd i'r byd cerddoriaeth, dydw i ddim digon talentog o'r hanner.

MARI: Dwi yno'n barod bob dydd!

GARETH: Gweler fy ateb blaenorol!

GWYN: Nagoes, jest lecio gwrando.

BRYN: Mi nesh i drio (a methu) dysgu chwarae'r gitâr yn fy arddegau. Dwi'n cofio cario gitâr acwstig ar y bws ysgol i fynd am wersi amser cinio. Wedyn, dyma fi'n cael gitâr drydan un Dolig, ond er i mi drio practisio roedd y gwelliant yn digwydd mor araf nes i mi roi'r ffidil yn y to – rwbath dwi'n teimlo'n reit euog amdano, a deud y gwir. Ers hynny yr agosa dwi'n mynd i'r byd cerddorol ydi pan dwi'n mynd i sbio ar fand yn chwara'n fyw efo'n ffrindia, ac mi fydda i wastad yn meddwl faint o hwyl fysa bod ar y llwyfan. Tydi hi ddim yn anodd i mi ddeall pam mae Dad yn dal i fynd allan i gigio.

DAU FOI IAWN

TUDUR HUWS JONES

Roeddwn i'n nabod John ac Alun cyn cytuno i gyd-sgwennu'r llyfr 'ma efo nhw, ond ryw how-nabod (chwedl hwythau) oedd hynny. Doeddwn i ddim yn eu nabod nhw go iawn.

Er fy mod i wedi bod yn chwarae efo sawl grŵp gwahanol dros y 30 mlynedd dwytha 'ma, does gen i ddim cof i mi rannu llwyfan efo nhw o gwbl.

Mi fues i'n siarad efo nhw ar eu rhaglen radio un tro, a dwi wedi eu holi nhw gwpwl o weithiau yn rhinwedd fy swydd fel newyddiadurwr.

Ond roedd eu cyfarfod nhw ar gyfer sgwennu'r llyfr yma'n gyfle i ddod i'w hadnabod yn well, ac mi fues i'n torri ar draws eu tai, yn busnesu yn eu gigs, yn eu ffonio ac yn eu bombardio efo e-byst nes roeddan nhw wedi cael llond bol arna i, dwi'n siŵr. Roeddwn i'n cael ateb i ambell un hyd yn oed! (Diolch John! Alun, oeddat ti'n ymwybodol bod 'na fotwm '*reply*' ar ebost? Na, chwarae teg, mi wnest ti ateb y rhai pwysig i gyd!)

Dwi wedi siarad efo nifer o bobl ar gyfer y llyfr, a'r hyn sydd wedi gwneud yr argraff fwyaf arna i ydi'r berthynas sydd gan y ddau efo'u ffans. Mae gan sawl artist Cymraeg nifer o ffans, ond wn i ddim am neb arall efo rhai mor driw â chefnogwyr John ac Alun. Mae'r ymateb i'w rhaglen radio yn llinyn mesur o hynny – mae pobol wrth eu boddau efo nhw, ac mae'n hawdd deall pam. Maen nhw'n ddau mor gyfeillgar a hawdd gwneud efo nhw. Ydi, mae Alun yn sôn bod John yn gallu bod fel matsien, ond angerdd welais i, a chariad at ei grefft. Mae Alun yntau'n cŵl fel rotsiwn beth, ac yn hoff o actio'r ffŵl, ond peidiwch â chredu am unwaith nad ydi o'n malio. Mae o.

Roedd treulio noson gig yn eu cwmni yn hwyl garw. Waeth pwy ydi'r band, mae'r drefn rwbath yn debyg ar noson felly. Cyrraedd yn gynnar, gosod y gêr, checio'r meics a'r offerynnau, a mynd drwy ambell i gân. Wedyn, mae hi'n fater o ladd amser tan ddaw hi'n bryd camu ar y llwyfan i wneud eich set. Wn i ddim am neb sy'n mwynhau'r hen gyfnod yma. Weithiau gall olygu oriau o eistedd, yn edrych ar y cloc, yn trio peidio meddwl am y gig, yn ceisio sadio'r nerfau os ydach chi'n un sy'n dioddef efo'r rheiny. Fedrwch chi ddim ymlacio'n iawn, achos hyd yn oed os nad ydach chi'n digwydd bod yn gyrru y noson honno, does fiw i chi yfed gormod neu fyddwch chi ddim yn gallu chwarae'n iawn. (Mae 'na rai sy'n meddwl eu bod nhw'n chwarae'n well ar ôl llond cratsh o êl, ond twyllo'u hunain mae'r rheiny.) Fedrwch chi ddim mynd yn rhy bell oddi wrth lle mae'r gig yn cael ei chynnal chwaith, rhag ofn ... Ac mae bwyta llond bol yn gallu effeithio ar eich perfformiad hefyd. Felly rhyw limbo o gyfnod ydi hwnnw rhwng y *sound check* a'r gân gyntaf. Ond er bod John ac Alun yr un fath ag unrhyw grŵp arall yn hyn o beth, roedd treulio'r cyfnod hwnnw yn eu cwmni yn adrodd cyfrolau am y ddau.

Noson gêm Cymru a'r Eidal oedd hi, a'r lleoliad oedd tafarn Penlan Fawr – un o dai potas mwyaf poblogaidd Pwllheli, yn enwedig efo'r to ifanc. Doedd John ac Alun erioed wedi canu yno o'r blaen, ac roedd cryn ddyfalu ynglŷn â sut fyddai'r noson yn mynd.

Lle diarth ... cynulleidfa ddiarth ... criw ifanc wedi bod ar y pop drwy'r dydd yn gwylio'r gêm ... Oeddan nhw'n poeni? Dim peryg yn y byd.

Tamaid bach o fwyd oedd y peth cyntaf ar yr agenda, wedyn rhyw lymaid bach mewn tafarn gyfagos, a'r sgwrsio rhwng y ddau a gweddill y band, Tudur Morgan a Simon Barton, yn naturiol a ffraeth, ac yn llawn tynnu coes.

Malu awyr efo ambell un arall yn y dafarn, ac amryw'n cyfarch yr hogia fel tasan nhw'n hen ffrindiau. Mae pawb yn teimlo eu bod nhw'n nabod John ac Alun, neu'n berchen arnyn nhw hyd yn oed!

Yn ôl i Benlan Fawr, ac erbyn hyn mae'r lle dan ei sang, a'r awyrgylch yn drydanol. Mae 'na ambell un o ffans go iawn yr hogia i mewn, ond criw ifanc ydi'r rhan fwyaf, allan i enjoio. Ac o fariau cyntaf 'Chwarelwr', dyna maen nhw'n ei wneud!

Doedd 'na'm rheswm i boeni wedi'r cwbl. Ond y pwynt ydi, doedd John ac Alun *ddim yn* poeni! Trafod ymateb posib y gynulleidfa oeddan nhw, nid poeni amdani. Maen nhw'n ddigon o hen lawiau ar y gêm yma i wybod yn union be i'w wneud, a sut i drin unrhyw gynulleidfa ac unrhyw sefyllfa. Ac fel y mae John eisoes wedi sôn, tasa petha'n digwydd mynd yn flêr, dydyn nhw ddim ofn tynnu'r plwg a dod â'r noson i ben yn gynnar. Profiad, hwnna 'di o!

Roedd pawb yn dawnsio ac yn canu efo nhw yn Penlan y noson honno, a'r ddau o D'weiliog wedi ennill criw o ffans newydd.

Ydw, dwi'n nabod yr hogia'n well erbyn hyn, a dwi wedi mwynhau fy hun yn arw yn eu cwmni. Ond mewn gwirionedd, y cwbl wnaeth y profiad oedd cadarnhau'r hyn yr oeddwn i'n ei amau'n barod amdanyn nhw. Dau foi iawn. S'dim angen dweud mwy.

Diolch hogia, mae hi wedi bod yn bleser ac yn fraint i mi gael cydweithio efo chi ar y llyfr hwn, a gobeithio y byddwch chi wrthi am flynyddoedd maith i ddod.

TUDUR HUWS
JONES

GAIR I GLOI

PAN OEDDACH CHI YN EICH ANTERTH EFO CYFRESI TELEDU, RHAGLEN RADIO, DYDDIADUR YN LLAWN O GIGS AC YN Y BLAEN - PA FATH O DDYFODOL OEDDACH CHI'N FEDDWL FYSA YNA I CHI?

ALUN: Mi nath petha jyst mynd o un peth i'r nesa heb i ni feddwl, disgwyl na chynllunio amdano fo. Un funud roeddan ni mewn tafarn ym Mhen Llŷn yn canu yn y gornel a'r nesa roeddan ni ar lwyfan o flaen camerâu teledu. Teimlad chydig fel caseg eira neu fel rhyw reid mewn ffair – unwaith yr oedd hi wedi cychwyn roedd hi bron iawn yn amhosib i'w stopio. Roedd y ddau ohonom yn gwybod mai stopio fysa hi yn y pen draw – ond tra oedd hi'n mynd, wel, mater o drio'n gorau i joio'r reid tra parith hi oedd hi! Yn ystod y cyfnod hwnnw roeddan ni'n teimlo nad oeddan ni'n berchen ar ein bywydau ein hunain – pobol eraill oedd berchen arnyn nhw, a nhw oedd yn penderfynu lle roeddan ni'n mynd a be oeddan ni'n neud.

Felly, doedd 'na ddim cynllun, strategaeth na dim byd tebyg – dim ond gafael yn dynn a mynd hefo fo. Oherwydd hynny doedd gynnon ni ddim syniad sut oedd petha am droi allan. Yr unig beth wrth edrych yn ôl ella bod 'na elfen o 'ormod o bwdin' ac ella'n bod ni wedi cael gormod o sylw o fewn ffenast amser fyr – gwesteion ar bob math o raglenni teledu gan gynnwys coginio, cwis, chwaraeon, plant, pob math o gyfweliadau ar y radio gan bob un o'r gorsafoedd radio Cymraeg bryd hynny – un ar orsaf ar lein o'r America hyd yn oed. Fel deudodd Jonsi unwaith – 'Ma John ac Alun fel annwyd o gwmpas Cymru 'ma!'

Ar ôl deud hynny, a heddiw hefo pethau llawer yn dawelach, o'm safbwynt i, beth bynnag, dwi'n meddwl mod i'n enjoio'r 'busnas' 'ma yn fwy nag erioed – falla am mod i'n gwybod be ydi o, fod na lai o bwysa a disgwyliadau rŵan, ac am ein bod ni'n gwybod nad oes 'na lawer mwy o syrpreisys i ddod a'n bod wedi cyrraedd rhyw fath o *plateau* – neu ffordd arall o sbio arno fo, fod y gaseg eira'n dechrau arafu.

JOHN: Roeddan ni'n meddwl ar y pryd na fasa hyn byth yn dod i ben, ond dyna fo, yng Nghymru dan ni'n byw, ac yn anffodus does 'na dim modd gwneud bywoliaeth

ar ganu! Erbyn heddiw ma gen i sawl haearn yn y tân, job bob dydd, cyflwyno i'r BBC a hynny o gigs sy'n dod i mewn.

YDACH CHI'N DIFARU GWNEUD UNRHYW BETH?

JOHN: Difaru na fasan ni wedi cael enw gwell na John ac Alun. Mae 'na ddigon o ddeuawdau does? Jac a Wil a Tony ac Aloma ac ati. Does dim o'i le ar y deuawdau yma, cofiwch! Ond fasa rwbath fel y Melinwyr wedi gweithio dwi'n meddwl, neu Melinwyr 2, 'de?!

ALUN: Dan ni wedi cyfeirio'n barod at rai petha penodol y bysa ni falla'n newid tasan ni'n cael mynd yn ôl mewn amser a trio eto – ond gan nad ydi hynny'n bosib, o safbwynt Alun ar lwyfan dwi ddim yn difaru dim. Wnes i rioed drio bod yn neb gwahanol ac fel dwedodd y Sais – 'What you see is what you get.'

I ffwrdd o'r llwyfan ac i ffwrdd o fod yn berson cyhoeddus dwi'n difaru chydig, o sbio'n ôl, na wnes i gadw cysylltiad hefo rhai ffrindiau a rhai diddordebau. Ond ar y pryd mi oedd hi'n anodd iawn oherwydd prinder amser – ond falla mai esgus ydi hwnnw ac nid rheswm.

PAN OEDDACH CHI I FFWRDD BOB PENWYTHNOS BRON, OEDDACH CHI'N POENI NAD OEDDACH CHI'N GWELD DIGON AR Y PLANT YN TYFU I FYNY?

ALUN: Yn sicr, mi oedd hynny'n rwbath yng nghefn ein meddyliau'n barhaol ar y pryd. Teulu ifanc a Dad byth o gwmpas heblaw am hwyr yn y nos neu weithiau ar bnawn Sul. Ond mi oeddan ni'n gwybod hefyd fod 'na gefnogaeth gref iddyn nhw gan weddill y teulu ac yn arbennig felly gan y gwragedd. Maen nhw wedi bod yn arbennig o safbwynt magwraeth y plant, ac yn gefn i ninnau tros y blynyddoedd, nid yn unig o safbwynt sicrhau bod ganddon ni dronsiau glân a ballu, ond hefyd ar y lefel bersonol a moesol. Roeddan nhw'n gwneud yn siŵr fod ein traed yn aros ar y ddaear ar adeg pan oedd yr hen falŵn balchder a phwysigrwydd honno'n llenwi ac yn bygwth mynd â ni i rywle gwahanol.

Wrth gwrs mi oedd 'na hefyd gilfanteision – rhyw bresant neu ddau iddyn nhw ar ôl i ni fod yn canu yn rhywle dros y penwythnos, cyfle i aros fel teulu mewn gwesty crand yn sgil rhyw raglen deledu neu'i gilydd, cyfle i deithio ac i ddod i adnabod Cymru chydig yn well, a hefyd cael y modd fel teulu i fynd i ffwrdd ar wyliau i wlad boeth a chael *chill out* go iawn hefo nhw – amser arbennig ac amrhisiadwy.

JOHN: Bendant. Roeddan ni'n colli gwneud pethau hefo'r plant ar benwythnosau yn enwedig, ac mae diolch mawr i Angharad am sefyll mewn pan oeddwn i ar y lôn 'na bob wythnos!

BE YDI'R UN PETH YR HOFFECH CHI I BOBOL EI GOFIO AMDANOCH?

JOHN: Y gerddoriaeth, y caneuon, be arall sy 'na, 'de?

ALUN: Dwi'm yn gwbod. Dwi'm yn siŵr – a dwi'n deud y gwir fan hyn – achos dwi'n gobeithio y bydd pobol yn fy nghofio i am wahanol resymau (ond dwi'm di mynd eto, cofiwch, er gwaetha stori neu ddwy!). Mae hynny'n beth reit neis a dweud y gwir – gan fod cerddoriaeth yn gallu cyffwrdd pobol mewn ffyrdd gwahanol a dwi wedi bod yn ffodus iawn o fod wedi cael y cyfle i ddiddanu ac i roi gwên ar wynebau pobol, gobeithio.

BE FYSA CHI WEDI'I WNEUD PETAECH CHI HEB GYD-DYNNU AR Y CYCHWYN? FASA CANU A DIDDORI WEDI PARHAU I FOD YN RHAN O'CH BYWYDAU?

JOHN: Tasan ni heb ei hitio i ffwrdd yn y byd adloniant, mae'n bur debyg mai dal i fynd hefo'r gitâr y baswn i, achos ma canu yn bwysig i mi!

ALUN: Cwestiwn anodd – dwi'm yn siŵr a fyswn i wedi mentro mynd yn gyhoeddus, fel petai. Yn sicr, dwi'm yn meddwl y byswn i wedi mynd ati i drio cyfansoddi – ond yn bendant mi fyswn i wedi parhau i drio chwarae'r gitâr. Mae'r gitâr wedi bod yn rhan annatod o mywyd i ac wedi tyfu i fyny hefo mi ar hyd y daith trwy'r hen fywyd 'ma o'r dyddiau cynnar yn Llundain ar fy mhen fy hun, hyd at heddiw. Yn aml iawn mi ddaw'r gitâr allan yn hwyr y nos i gael rhyw sgwrs fach a rhyw strym fach – dim ond ni'n dau.

BE YN UNION SY'N EICH GYRRU YMLAEN I BARHAU YN Y GÊM YMA AC I DDAL I FYND ALLAN I GIGIO?

ALUN: Fel wnes i ddeud yn gynharach – erbyn heddiw, am ba bynnag reswm, dwi'n llawer mwy cyfforddus hefo'r bywyd perfformio/canu 'ma a dwi rywsut yn ei fwynhau o fwy nag erioed. Ella am nad ydi'r pwysau, y disgwyliadau a'r sylw ddim fel ag y buodd o – ac o ganlyniad mae 'na rywfaint mwy o ryddid a mwy o gyfle i'w fwynhau o am be ydi o, sef dim byd mwy na thrio cyfleu stori neu deimlad trwy gyfrwng cân.

JOHN: Cael y fraint o fod ar lwyfan yn perfformio, a tra bydd pobol yn dal i ddod i wrando, mi ddalia i i ganu!

YDI'R BUSNAS CANU WEDI EFFEITHIO MEWN UNRHYW FFORDD AR EICH BYWYD PERSONOL A SUT?

ALUN: Dwi wedi sôn yn barod am beidio â bod yng nghwmni'r plant yn ddigonol pan oeddan nhw'n tyfu fyny. Dwi'n meddwl bod y busnas 'ma wedi cael effaith ar fy mywyd i, heb os. All rhywun ddim mynd trwy gymaint o newid a gymaint o brofiadau ac yn y blaen heb fod 'na newid yn rhywle. Ond fedra i ddim rhoi fy mys arno fo – yr unig beth, am wn i, ydi'r ffaith mod i'n dderyn nos go iawn bellach, ac mae hynny i lawr i'r ffaith fod y gêm yma'n un sydd yn eich gorfodi i fod yn dderyn nos, mae'n debyg. Fel arall, well i chi siarad hefo'r doctor – falla y cewch chi stori hollol wahanol ganddo fo!

JOHN: Ydi, siŵr o fod. Mae hi wedi bod yn straen ar Angharad, y wraig, pan o'n i ffwrdd bob wythnos bron ar y cychwyn, ond roedd hi'n gwybod mod i'n cael tâl am ei wneud ac mae hynny wedi bod yn help i mi weld fy nwy ferch yn mynd trwy goleg a graddio. Doedd 'na ddim byd gwell na chael bod yno ar y diwrnod arbennig hwnnw a theimlo'n prowd iawn o'r ddwy!

A *John ac Alun – Dathlu'r 25*

NR ☐ ☐

60 ⟫⟫

Mae John a fi yn ddau gymeriad hollol, hollol wahanol i'n gilydd, ac maen nhw'n deud fod dau fel chalk and cheese yn gweithio'n well mewn partneriaethau fel hyn, na dau rhy debyg i'w gilydd. Yn amlwg mae hynny wedi bod yn rwbath canolog i ni ar hyd y blynyddoedd. Os ydi un yn uchel, mae'r llall yn ei dynnu fo i lawr, os ydi un yn isel, mae'r llall yn medru dod â fo i fyny. Mae John yn dueddol o fod ro'm bach mwy sydyn ei dempar na fi, yn fwy teimladwy ynglŷn â chynulleidfa neu ymateb rhywun i raglen radio neu beth bynnag, lle dwi yn fwy tebygol o ddeud, 'Iawn, mae gin ti ddewis ... gei di fynd o'ma os ti ddim yn lecio ni.'

DISGOGRAFFI JOHN AC ALUN

1991 casét yn unig • *Yr Wylan Wen*

1992 casét yn unig • *Chwarelwr*

1993 casét yn unig • *Breuddwydion*

1994 casét a CD • *Os na ddaw yfory*

1995 CD • *Goreuon o'r Wylan Wen a Chwarelwr*

1996 CD • *Y Dolig Gorau Un*

1998 CD • *Unwaith eto*

1997 CD a chasét • *Un Noson Arall*

1999 CD • *Tiroedd Graslon*

2001 CD • *Crwydro*

2006 CD • *Country Favourites* *

2006 CD • *Hel Atgofion*

Pob un ar label Sain ar wahân i *
sydd ar ein label ni'n hunain, Jocal

☆ DIOLCH ☆

Yn nhraddodiad gorau'r nosweithiau llawen does 'na ddim ond un peth ar ôl i'w wneud rŵan, sef cynnig y diolchiadau:

Yn gyntaf hoffem ddiolch i'r ddau deulu am fod yn gymaint o gefn i ni'n dau ar hyd y blynyddoedd. Fasan ni ddim wedi mynd i unman hebddyn nhw!

Hefyd, i bawb sydd wedi trefnu nosweithiau a chynnig lletu i ni yma ac acw ar hyd y blynyddoedd.

Ac yn olaf i bawb sydd wedi cyfrannu at y llyfr, ac i'r cefnogwyr am y lluniau a'r atgofion.

Diolch i chi, mae hi wedi bod yn bleser.

AC